Flor de sal

Premio Eugenio Nadal 1985

Ediciones Destino
Colección
Áncora y Delfín
Volumen 595

© Pau Faner
Ediciones Destino, S. A.
Consejo de Ciento, 425. 08009 Barcelona
Primera edición: enero 1986
ISBN: 84-233-1454-5
Depósito legal: B. 2328-1986
Impreso y encuadernado por
Printer industria gráfica sa
Provenza, 388. 08025 Barcelona
Impreso en España - Printed in Spain

Pau Faner
Flor de sal

Pau Faner

Para el doctor Joaquim Molas

Para mis padres

1. Que trata del sitio de San Felipe por los carlistas y de los amores de un soldado.

En diciembre de 1706 los botifleros permanecían sitiados en el castillo de San Felipe, de Maó, por los carlistas de mosén Saura. El capitán Martí Dasi, caballero de Ciutadella, se hallaba repeliendo con su compañía de payeses una salida de mercenarios del Arrabal, perros del gobernador Leonardo Dávila. Topó con un muchacho melenudo y lucharon cuerpo a cuerpo. Al cabo le abatió con la culata. Cuando iba a hincarle la espada, para ahorrar munición, el mozo puso ojos de rabia, como gata en celo. Se rasgó la camisa andrajosa y mostró unas tetas fenomenales, distintivo de su verdadera condición. El caballero se quedó helado, espada en alto. Clavó el acero, desviándolo al suelo. Pronto soldado y mercenaria rodaban sobre la rala vegetación, a cubierto de una cerca de piedras amontonadas, donde se amaron sin forcejear ni decir palabra. Luego la mujer escapó renqueando. Sólo se volvió una vez para mirar entre curiosa y felina, con cierta ternura.

La rapaza se llamaba Emilia y vivía con una coima vieja, verdadero tonel de grasa, en una barraca del Arrabal. Formaba parte de una compañía de varonas zarrapastrosas, morralla al servicio de la fortaleza, que robaba provisiones y montaba la guardia. Aquella noche los payeses del capitán Dasi las habían vapuleado lindamente. Quedaron plantadas en el campo de batalla, el pecho hundido a pedradas, la cabeza segada con hoces o abatida a estacazos.

Emilia regresó a su cabaña. La comadre había salido. Echó agua en la jofaina y se lavó. Buscó luego un mendrugo y unas cuantas uvas pasas que devoró ávidamente, mientras prendía fuego en el hogar. Se rebujó en una manta negra y maloliente, tras ojear la explanada por el ventanuco, y se acurrucó junto al fuego. Soplaba viento del norte y se oía batir maderos y chatarras. Sonaban voces inconexas. Las ráfagas eran tan intensas que parecía que habían de desencajar el techo.

Fue quedándose dormida. Entre el bailoteo amarillento de las llamas volvió a ver al oficial. Reconoció su acero rutilante, su bigote enhiesto, sus ojos desenfrenados. Era bravo y estaba dispuesto a traspasarla. Era el caballero que tantas veces había soñado en su catre. Volvió a sentir el frenesí de desnudar el pecho para mostrarle el alma, y fue como si otra vez rodara por el suelo, profundamente atenazada. Todavía le ardían las entrañas.

La despertó un alud de piedras. Como si derribaran la torre del homenaje. Pero era la comadre que había abierto la puerta, toda desgreñada y aventada.

Emilia se levantó. Tenía el cuerpo entumecido. Reavivó las brasas del fogón.

—Creí que te habían pasado por las armas.

—En cierto modo —dijo Emilia.

Mientras la camarada se preparaba unas rajas de bacalao, contó lo sucedido. Cuando concluyó, la vieja dijo con regocijo:

—A ése ya no le echas la garfa.

Pero volvieron a tropezarse. Se abrazaron entre acometidas feroces, escondidos en matorrales, como amantes salvajes. Entretanto el ejército heterogéneo de Saura proseguía el asedio, y payeses y mujerzuelas se descrismaban. Emilia y el caballero se citaban en los asaltos, para refocilarse al pie de cercas desmoronadas o a orillas del mar.

La chica se arreglaba como nunca hiciera antes. Se lavaba a diario. La comadre refunfuñaba porque gastaba mucha agua y tenían que acudir continuamente a la cisterna, con peligro de que las pillara una bala perdida. Se ponía camisas de lino y calzones anchos, con una faja de lana enrollada en la cintura y chaleco, como villano honrado. Contrastaba vivamente con el resto de la mesnada harapienta, y algún gallito del Arrabal se la comía no tanto con los ojos como con las manos. Aunque siempre lograba zafarse de arrumacos y carantoñas, si era preciso con un buen rodillazo en las partes.

Tanto llegaron a intimar soldado y mercenaria que en Navidad el capitán la llevó a la cena privada de Saura. El caballero lucía traje negro, con espada de plata, y la mozuela se cubría con rebocillo de seda bordada, con jubón de terciopelo airosamente ceñido y basquiña plisada, medias de estambre y blancos zapatos de tacón. Parecía damisela que jamás hubiese salido de umbrosos salones, llenos de cortinajes y retratos de antepasados, con clavicordios y arañas recargadas que sólo se desempolvaban en días señalados. Había robado el atuendo en la mejor casa de Maó, con la camarada. Y como oyeran chirriar el arcón, hubieron de esconderse durante horas en el granero.

Pero valió la pena. Primero por la olla y el asado de ganso, del que Emilia guardó un buen pedazo para la comadre, que más tarde se pringó y relamió los dedos. Luego por la conversación de aquellos señores, que habían aceptado restituirse bajo el yugo suave de Carlos III, junto con el populacho. El comandante Saura temía que les llegaran refuerzos por mar a los del castillo. Habían de traer cañones y pedreros de Ciutadella para defender el puerto. Pero los caminos eran intransitables y disponían de un solo gánguil de pesca, y aun ocupado en otros menesteres.

Terminada la cena Emilia y el caballero se retiraron a un aposento de paredes enjalbegadas, provisto de una cama altísima. Se enlazaron con infinita ternura, mientras afuera se formaban remolinos de ángeles jóvenes, de dorados cabellos, como lucecitas chisporroteantes, que tal vez cantaban su amor.

Ya no volvieron a verse. El 31 divisaron naves francesas y no se pudo evitar que al día siguiente entraran en el puerto. Los gabachos desembarcaron disciplinadamente en cala Llonga y cala Sant Jordi, bajo débiles descargas de fusilería. No bastó para detenerles el patriotismo de payeses y frailes menorquines, de notarios y caballeros, envirotados en gorgueras y negras ropillas. El día 3 los carlistas reculaban. El 4 se peleaba en un laberinto de casacas azules y sombreros tricornios, de espadas y machetes tintos de sangre que la fría lluvia no conseguía lavar. Al atardecer vino la desbandada. La noche se pobló de sombras que dejaban la vida en los campos, de soldados y mercenarios del Arrabal que penetraron a sangre y a fuego en la ciudad.

Emilia también entró, con la comadre. Llevaba una antorcha en una mano y un espadón en la otra. Las calles eran un hervidero de viejos aterrados, de vecinos que escapaban en sus borricos, con lo poco que habían podido salvar de sus haciendas. Tal vez se advertía en un recodo una bestia despanzurrada, o un hombre con el cráneo tan vaciado como bolsillos y alforjas. Esbirros y soldados acarreaban garrafas de vino, enseres valiosos y bolsas de dineros que habían afanado. O arrebataban el rebociño a las doncellas, para agarrarlas de la melena y violentarlas.

La camarada encontró la casa donde habían robado el traje de nochebuena. Abrieron la puerta a empellones. Adentro les aguardaban dos fámulos que derribaron a la confidenta de un tremendo garrotazo en la jeta. Pero Emilia tuvo tiempo de traspasar a uno con la garrancha y quemar al otro las barbas con el hachón. Éste salió brincando y dando voces, como si tuviera azogue. Reanimó luego a la comadre, que había rodado ensangrentada, y registraron la vivienda. En un aposento hallaron a dos mujeres, una de ellas anciana, junto con un niño, que huyeron al repararlas. El señor debía de estar combatiendo con los carlistas. La camarada prendió fuego al granero, a los doseles de las camas y a los cortinajes de todas las estancias. El edificio quedó envuelto en llamas. Tomaron un arcón con vestidos, dobleros y alhajas, ya medio desvalijado por los criados, y escurrieron la bola.

Trotaron calle abajo, ebrias de excitación por el inaudito momento. Toparon con una partida de saqueadores, que atacaron a Emilia y expoliaron el arca. La vieja quiso oponerse y un malhechor la partió en dos de un soberbio hachazo. Emilia aprovechó la fascinación de los rapiñadores para revolverse y echar a correr.

Se deslizó a oscuras por callejas de pavimento accidentado y salió a salvo frente al convento del Carmen, donde quedó jadeante, con el cuerpo chorreado de lluvia. Aún creía ver a la comadre, rajada sin tiempo para el asombro, sus dos mitades encharcadas en gordura. Sintió náuseas y miró las ventanas del convento, forzadas por los saqueadores. Se oía gran vocinglero.

Emilia se arriesgó a introducirse en el claustro, sembrado de despojos. Vio masacrar al padre prior, que entreabría los labios en una plegaria, y se ocultó en la iglesia. Se arrodilló, llorosa, ante la Virgen. De pronto le echaron el guante y se vio obligada al sacrilegio, para congraciarse con aquellas alimañas. No se le ocurrió otra cosa que abrir la portezuela del sagrario, tomar el copón y comer un puñado de hostias. Los hombrones reventaban de risa. Duchaban con Pan eucarístico a furcias despeluzadas. Emilia engulló otro pellizco. Estaban dulces como la miel. Pero súbitamente dejó caer el cáliz y escupió asqueada, porque las blancas formas se habían impregnado de sangre pegajosa, casi negra, y sabían a hiel. Fue como si de golpe comprendiera lo bajo de su proceder. Sintió una horrible punzada en el estómago, al tiempo que se desmayaba. Pensó, me han clavado el estoque. Pero luego creyó que lo había dicho mucho más tarde, cuando ya recobraba el conocimiento, tendida en el suelo enlodado de la calle. Una vecina del Arrabal la había socorrido. Dijo que había estado vomitando y que deliraba. Y añadió, con ojos burlones:

—Me da en la nariz que estás preñada.

A esa hora el capitán Martí Dasi erraba entre las sombras de soldados caídos, aún no resignados a su suerte. En vano había intentado alentarles, evitar la estampida. Llegó a conminarles pistola en mano. Ebrio de rabia disparó a las piernas de un paleto que luego hubo de cargar, para evitar que muriera desangrado. Se extravió en un sinfín de vericuetos igualados por la negrura y la cortina de agua. Anduvo hasta perder el rastro de los últimos fugitivos, cuando ya no se oían gritos de angustia ni disparos, ni siquiera el martilleante cañoneo de las naves lejanas.

Chapoteaba en el lodo, siempre con el desgraciado a cuestas, un río de sangre surcándole el cuerpo. De vez en cuando un gemido, un súbito aleteo y unos ojos fosforescentes, como los de un búho gigantesco. Incluso las hierbas se quejaban al pisarlas. El capitán creía sentir el contacto de una mano helada. Recordaba su primer encuentro con Emilia, su tibio cuerpecillo. Cuánto mejor estaría ahora con esa putita de carnes sonrosadas, en una cama mullidísima.

A medida que transcurría la noche el fardo se hizo más liviano, como si el palurdo hubiese desplegado las alas de su sombrero, convertido en un pajarote ceniciento. Al fin vislumbró una lucecita remotísima, que fue agrandándose en un lapso interminable, hasta convertirse en un farol que ardía bajo el cobertizo de una casa de campo. Dasi consiguió llegar al patio encenagado, donde le socorrieron unos labriegos.

—¿Dónde estoy?

—En Binijamó, cerca de Alaior —dijo un anciano caballero.

Era mosén Saura.

—¿Vos aquí?

—He tenido que huir como un proscrito.

Examinó al herido y añadió:

—Este hombre está muerto.

Cinco días más tarde Saura embarcaba para Mallorca, amenazado de muerte. Dasi iba con él. La furia de los saqueadores había llegado hasta Alaior. Ciutadella no tardaría en rendirse. En la plácida travesía hasta Alcudia el capitán clavaba la vista en los destellos del mar, evocando el rostro de Emilia, sus mejillas retozonas, sus ojos vivarachos. Se halla-

14

ba lejos de imaginar que la moza le había estado buscando y fue presa por los soldados de Dávila, acusada de connivencia con el enemigo. La condujeron a las mazmorras de San Felipe. Había de permanecer todo un año en aquel calabozo inmundo, lleno de humedad y de ratas como conejos. Les daban un guisote nauseabundo, y a ella alguna pizca de leche por su singular condición de embarazada. No distinguía el día de la noche. Se quedaba mirando la bóveda, que rezumaba gotas de agua hasta formar un charco en el solado. El guachapeo de cada nueva gota era un estruendo descomunal en el retraimiento de la celda. Si saltaba una rata y conseguía agarrarla la mordía en el pescuezo, bebía su negra sangre y comía sus carnes blancas y recias vorazmente, antes de que otro preso pudiera disputársela. Luego se amodorraba. Soñaba que Dasi venía a liberarla, rasgando la cripta con su espada de plata. A lomos de un caballo fulgurante alcanzaban un palacio dorado por el tiempo, donde por fin podía lavarse, vestir túnicas de seda, tomar tazones de caldo y dormir en camas prominentes. Y se reía con una risa fresca, como cuando vivía en el Arrabal con la comadre. Pero despertaba en chirona, bajo las barbas infectas del carcelero.

En abril trajeron muchos payeses, tan míseros como ella. Encerraron también a una porción de oficiales y aun de notarios, médicos y caballeros. Sólo la monomanía vengativa del gobernador explicaba tanta saña. En setiembre nació Diodor y fue confiado a la mujer de un porquerizo. Sólo volvió a verle cuatro veces hasta que en diciembre fue juzgada y condenada a morir en la horca, con otros 32 inculpados. La confortó un fraile agustino, igualmente sentenciado. Subió al patíbulo en noveno lugar y cuando le apretaron el nudo en la garganta se acordó del capitán y de cómo se amaban en el fragor de la batalla. Tal vez por eso escupió a los filipistas. Se sintió brutalmente estrangulada, pero aún tardó mucho en morir.

2. Donde se cuenta la derrota de los filipistas, y la boda de mosén Martí Dasi.

No pudiendo hacer presa de mosén Saura y del capitán Martí Dasi, el gobernador mandó demoler sus casas, arrestar a sus siervos y sembrar de sal sus heredades. Dasi era el último vástago de una familia de caballeros conquistadores, que había recibido sus tierras directamente del rey. Se ordenó encender hogueras al anochecer en las ruinas de sus palacios. Las paredes de las viviendas contiguas, que todavía conservaban los encajes de las vigas y el rastro de las escaleras, quedaron negras como la pez. Se hizo reunir comadres en torno al fuego y se echó azufre en las fogatas, para dotar a sus rostros de luminiscencias amarillas, de modo que los escasos transeúntes que a esa hora se aventuraban a salir las creyeran espectros endemoniados.

Los campos nevados de sal resplandecían bajo el sol de estío, como enorme calavera de marfil. Los árboles, agostados, eran como negros dedos clamando venganza. Cuando al atardecer la luna subía redonda en el cielo, regresaba la sombra de Emilia. Con ropas deshiladas, pero carnes vigorosas, empuñaba una hoz de plata y comía la sal de los sembrados. Al verla, sus ahorcadores morían horripilados en los puestos de guardia.

Se manifestó al gobernador, vestida como una dama, y en reconociéndola el hombre quiso apartarla con una mano, como si fuera cortina de humo. Le sonrió con ojos radiantes, que sin embargo se vaciaron al punto, transformándose Emilia en la parca. Dávila llamó a su gente, pero nadie le oía.

—¿De qué te asustas —dijo la aparición—, si no has hecho más que cubrirte de sangre?

La escena se repetía todas las noches, dejando al infeliz en tal estado que poco podría hacer cuando el castillo fuese atacado por los aliados.

16

Porque el 14 de setiembre el capitán Martí Dasi desembarcaba en Alcaufar, con los lobos de mar de Leake y Stanhope. Muchos payeses menorquines ayudaron a transportar cañones y morteros por los caminos impracticables. Tras dos semanas de trajines las baterías empezaron a disparar. Los sitiados estaban apercibidos a rendirse, acobardados por el fantasma de la ahorcada y por tantas muertes inexplicables. Sabían que el gobernador deambulaba como un poseso a altas horas de la noche, y a veces se le vio bailar en la explanada con la muerta, que tenía un verdugón de sangre en torno al cuello. Pronto se abrió una brecha en la muralla de piedras apiladas que circundaba la fortaleza. El capitán Martí Dasi se aventuró con sus hombres a través de la hendedura. Recibió en el pecho un ardiente salivajo de metralla y cuando le llevaban en andas, antes de perder el conocimiento, aún pudo distinguir la conocida figura de Emilia en lo alto de la cerca, fusil en mano y con la guerrera ensangrentada.

Le aplicaron un sólido vendaje, se bebió cinco huevos crudos y al día siguiente contemplaba la bandera blanca, desplegada en las almenas del castillo. Había pasado la noche delirando, y por la mañana le contaron que su amante había sido colgada por orden de Dávila, pero su sombra rondaba la fortaleza exigiendo venganza. Ante la señal de entrega los asaltantes enarbolaron sus armas, y los patricios menorquines aprovecharon para gritar:

—¡Viva el rey Carlos!

—¡Viva! —coreó el populacho.

Pero es fijo que los ingleses no dijeron nada.

Los filipistas desfilaron con banderas y tambores, perfectamente uniformados. Portaban fusiles, morteros y cañones. Diego Leonardo Dávila aparecía muy erguido, indiferente a su ominosa rendición. A su lado marchaba Emilia, vestida de terciopelo negro, como una dama. Barcos aliados condujeron a los españoles a Levante y Andalucía, y los franceses fueron transportados a Francia. No quedó de ellos ni el eco de sus tambores.

Mosén Saura y el capitán Martí Dasi fueron rehabilitados. Se les devolvieron servidores y propiedades, y reedificaron sus palacios, más espléndidos si cabe. Dasi se halló asediado por las mejores familias de Ciutadella, que veían en él un magnífico partido para su política matrimonial. Aquel pretendiente les permitiría perpetuar su influencia civil, tanto como sus segundones metidos a religiosos les aseguraban la protección de la Iglesia, y contribuían a aumentar su riqueza mediante sustanciosas desgravaciones.

El capitán se dejó cortejar. Acudió a tertulias señoriales en que se le interrogaba acerca de la prolongada presencia del inglés, cuyo descreimiento era pernicioso para las buenas costumbres y la fe católica, y cuyas instituciones atentaban contra los más firmes principios de la aristocracia. Dasi merendaba con nobles y frailes, que le ofrecían quesos, embutidos y miel de sus posesiones. Los señores le presentaban a sus hijitas y tanto ellos como los monjes querían saber cuándo pensaban irse los británicos. Dasi contestaba indefectiblemente:

—Me parece que va para largo.

—Hum, al menos vos habréis conseguido algo, ¿cómo andan las obras de vuestro palacio?

—Muy avanzadas. Por supuesto quedáis invitados a la inauguración.

—Muchas mercedes. Y decid, ¿creéis que esa gente se inmiscuirá en nuestros fueros y privilegios, en nuestra fe sagrada?

—No es probable. Aunque irreverente, el pueblo inglés es liberal y ciertamente muy astuto. Desde luego no tienen intención de marcharse. Su escuadra necesita apoyos en el Mediterráneo, eso está muy claro. Pero en el peor de los casos tolerarían nuestras prerrogativas y convicciones.

—En fin, esperemos que se vayan.

Cuando el palacio estuvo terminado el capitán dio una fiesta por todo lo alto. Se trajeron músicos de Austria y manjares raros robados a los buques que regresaban de ultramar. Acudió la flor y nata de la alta sociedad, con sus retoños acicalados, como albas palomas dispuestas al sacrificio. El caballero bailó con todas aquellas niñas y a todas las encontró igualmente insulsas. A última hora se asomó al balcón, donde la noche tendía su fresco manto bordado de estrellas. Descubrió a una Julieta insospechadamente bella, de ojos y cabello negros y labios sensuales, bastante alta, para lo que solían ser las mozas del país, y de pecho deliciosamente erguido.

—¿No os gusta la fiesta? —preguntó el capitán.

—¿Qué fiesta? —replicó la mozuela, maliciosamente.

Dasi sonrió.

—En efecto —dijo—, más que fiesta parece caza mayor. Veo que vuestra linda cabecita es algo más que un adorno.

—Sois gentil.

La muchachita hizo una leve reverencia.

—No he sido presentada —continuó—: Ana de Eleazar. Mis padres andarán por ahí buscándome.

Era de excelente linaje. Sus abuelos se instalaron tardíamente en la isla, procedentes del extranjero.

—Sois muy hermosa.

—Y vos el mejor partido de la ciudad. ¿Para cuándo la boda?

Le miraba desafiante, casi rozándole con el pecho.

—¿Cuántos años tenéis? —preguntó Dasi.

—Catorce.

—Nadie lo diría.

—Doña Ana, por fin os encuentro —terció el caballero de Eleazar—. ¿Conocéis a mosén Dasi? Vuestra conducta deja mucho que desear.

—No la riñáis —intercedió el capitán—. Tenéis una hija preciosa.

Aquella misma noche, acompañado de criados con escalas,

Dasi llamaba al balcón de la heredera, quien le dejó entrar recomendándole cautela.

—¿Conocéis Verona? —preguntó el intrépido caballero.

—Nunca salí de esta isla.

—Dejadme veros, luego os contaré.

—¿Queréis catar la fruta?

Pero se dejó perder en sus brazos.

Al día siguiente el capitán pedía a la mocita en matrimonio.

Que Dasi no se equivocaba con respecto a los ingleses quedaba claro con la confirmación de privilegios, prerrogativas, inmunidades y derechos de los menorquines; mas, ¿quiénes eran esos forasteros para decidir sobre ellos? El Consejo General había reconocido como rey al archiduque Carlos. El monarca estaba en Barcelona. Le fue solicitada ratificación de lo resuelto en cuanto a libertades, pero la réplica tardaba en llegar. Todavía no se había producido la buena nueva cuando en diciembre de 1709 mosén Martí Dasi y doña Ana de Eleazar contrajeron matrimonio en la iglesia parroquial de Ciutadella.

Fue una boda magnífica. Se invitó a toda la gente de alcurnia, así como a los servidores de ambas familias, desde los mayordomos y mayorales hasta el último zampatortas de sus propiedades. El templo aparecía engalanado, y había en el aire tantos perfumes que temblaban las imágenes, como en un sueño. El novio entró vestido de paisano, con chamberga, gorguera y jubón, pantalón finamente bordado y zapatos encintados, esclavina al hombro y espada de plata. Se arrodilló en el reclinatorio y cuando asomó la novia hubo de cortar la expectación y los intensos aromas del pasillo con hoja afiladísima, para que la moza pudiera pasar.

Con rebocillo y falda bordados de oro, parecía princesa encantada. Dasi la recibió con ritual timidez, como si nunca la hubiera tenido en sus brazos. Ofició el capellán de su casa, acompañado del de la casa de Eleazar. Al pobre clérigo de larga melena y perilla aguzada se le erizaron las puntas del bigote en tan solemne momento. Creyó que el ceñidor exprimía su negra sotana, y la de su orondo compañero, hasta encharcar de tinta el mármol del suelo. Con voz temblorosa hizo las preguntas del ceremonial.

—Sí, señor —respondió el caballero.

El infortunado sacerdote miró a la novia sin ánimos de interpelarla.

—Sí, señor —dijo ella, sin más.

—*Ego vos*... —inició el celebrante.

Se interrumpió porque su luengo sombrero de teja se combaba.

Disimuladamente Martí Dasi, que había comprendido su turbación, le propinó un doloroso puntapié en el tobillo.

—¡Uau! —gimió el infeliz.

Y en seguida:

—*Ego vos in matrimonium conjungo, in nomine Patris, et Filii et Spiritus Sancti, amen.*

La voz mal acordada del órgano llenó el templo con sus gorjeos. El rebociño de la desposada se levantaba y sus cabellos sedosos bailaban con la música, se enroscaban y desvanecían en columnas de incienso.

Durante el banquete, celebrado en el nuevo palacio Dasi, el capellán comentó sus visiones con el de la casa de Eleazar, y éste, que era viejo y de gran humanidad, se rió a mandíbula batiente. Empujó la cabeza del inexperto colega hasta mojarle la perilla en la jícara de espeso chocolate.

—¡Cuánto ayunasteis para la eucaristía! —exclamó entre risotadas.

—¿Vos no ayunáis?

—Claro, claro... Andad y bebed esta deliciosa poción traída de América por los bellacos británicos, que no todo iba a ser malo...

Y un poco más tarde:

—Compadre, haced lo que yo digo, no lo que yo hago.

21

Y mientras lo decía se atoraba de ensaimada y de empanadas de requesón y quesadillas.

A mediodía la novia dejó claro que era quebradiza como porcelana, pues tras columpiarse en las lágrimas de las arañas se dejó caer y se partió en cien pedazos de azúcar cande. Y el novio se despanzurró tras ella por el mismo artificio. Aunque luego se supo que se trataba de un par de muñecos, trabajados con asombroso verismo por el confitero.

Los consortes desaparecieron en medio de la algarada, tras despedirse de padres y señores principales. Partieron a caballo por el enmarañado camino del sur, ella a mujeriegas en la grupa. El séquito iba en mulas y borricos. Los payeses les aguardaban en el mejor de sus predios, donde tenían casas para dormir, para cocinar y para comer, además de la caseta del común, y donde trabajaban y custodiaban la mansión de su amo.

Se retiraron a sus aposentos, en espera de que les llamaran para la cena. Doña Ana se dejó caer, rendida, en un butacón y entornó los ojos. Había fuego en la chimenea y quiso tomar un baño. Le trajeron una gran tina de agua tibia, en la que se sumergió hasta el cuello. El solícito marido le jabonaba la espalda cuando se hizo presente la sombra enlutada de Emilia, perfectamente pálida y con su collar de verdugones.

—Tenemos un hijo —dijo con voz de ultratumba—, búscalo.

—¿Con quién hablas? —preguntó Ana, volviéndose.

—Con nadie.

En efecto, allí no había nadie.

3. De la felicidad de los cónyuges, su descendencia y el descalabro de un corsario.

Durante aquel invierno inclemente doña Ana y mosén Martí Dasi se acostaban temprano y se levantaban muy tarde. Todavía echados oían la lluvia en la azotea, como tropel de caballos elásticos. Y el viento bramaba hasta las cejas, colándose entre las encinas y pinos del patio. Llamaban a la campanilla y subían dos hijas de los labriegos, sanas y fortachonas. Una de ellas abría las persianas, dejando los postigos entornados sobre las vidrieras. La claridad perlaba las gotitas de agua que se escurrían sobre los cristales. La otra muchacha servía el desayuno en un azafate. Consistía, las más de las veces, en un tazón de café, con pan recién sacado del horno y tal vez una escudilla de cuajada, todavía humeante, con miel y canela.

Si el día estaba desapacible los recién casados no salían de casa. El amo leía junto al fuego y la señora bordaba. Tal vez se atrevían a confundirse con sus servidores y sentados en torno al hogar atendían las consejas que refería la masovera. En su imaginación se mezclaban hombres ciclópeos con paisajes de los alrededores, botas de siete leguas y pollinos que sabían hablar. Los niños la escuchaban embelesados, y Dasi entornaba los ojos para volver a encontrarse con Emilia en medio de una batalla de gigantes.

Los días de sol iban a cabalgar, doña Ana en la yegua blanca, casi alada, y mosén Dasi en el mejor caballo de Agua Fría. Atravesando batideros y pinares bajaban hasta el canal donde estaba plantado el huerto. En un cabo el asno rodaba la noria con los ojos vendados. Bebían el agua helada de los cangilones y en un centelleo de plata Dasi volvía a guipar los ojos de Emilia. Se asomaban a la alberca y, espejados en el agua verde, vacilaban los rostros del caballero y de su amante. Sobresaltado, Dasi miraba a su mujer. Pero se tranquilizaba al ver sus pupilas negrísimas, los hoyuelos de sus níveas mejillas y su cabello sedoso y muy largo.

Se besaban. Correteaban. Montaban a caballo y alcanzaban la playa, donde resollaba el mar, orlado de algas secas y maderos de navíos naufragados. Trotaban dejando una estela de pisadas en la orilla. El agua lamía hasta tres veces las huellas, antes de volver a llenarlas. Por fin descabalgaban. Forcejeaban sobre la arena blanca, con destellos de coral molido. Luego se sosegaban. En torno había un gran silencio, mezclado con el murmullo del mar y el rumor de los pinares. A lo lejos, junto a unos escollos, Emilia peinaba sus cabellos. Le habían crecido, dorados por el sol, y sonaban como las cuerdas de un arpa.

Permanecieron en Agua Fría hasta terminar el verano, cuando el embarazo de doña Ana empezaba a pesar. Mosén Dasi se alegró de regresar a la ciudad, para poder buscar al hijo de la mercenaria. En las reuniones se hablaba quedo de las peleas entre el populacho y la tropa inglesa, alojada en sus domicilios, de las provocaciones gremiales y asesinatos. El caballero sabía algo por los payeses, descontentos del abaratamiento de los precios, y otro tanto ocurría entre la gentualla marinera. La clase clerical, por su parte, se sulfuraba por las intromisiones solapadas en lo tocante al culto. Pronto se halló Martí Dasi al corriente del estado de cosas en San Felipe. Había proliferado el hampa en el Arrabal, lo que le hizo temer por su hijo. De modo que mandó ensillar el caballo, y sin compaña, pues el negocio era delicado, se puso en camino. En los puntos de guardia le dejaron pasar, dada su situación militar.

Pernoctó en la posada de Es Mercadal, en mitad de la isla. Como el tiempo era todavía bueno, se sentó a una mesa de pino, bajo el emparrado del humildísimo figón. Le sirvió una moza pechugona que por lo visto estaba acostumbrada a encorvarse para enseñar las tetas por el escote. El potaje dejaba mucho que desear. En el rincón un viejo rasgueaba la guitarra, y un perro aullaba a la luna.

Más tarde compartieron su mesa cinco soldados. Antes de engullir la sopa bebieron tal cantidad de vino que casi no podían tenerse. Dasi empuñaba la jarra y bebía con ellos. Cuando probaron el comistrajo el sargento llamó a la muchacha, que era robliza y un tanto rubia, como una valquiria, y tirándole del pelo le hizo probar la olla verdinegra con sus propias narices. Luego, mientras la chica se limpiaba con el pañuelo que le ofreció el capitán, el otro escanció vino sobre su cuello, y sacándole los pechos con un manotazo sorbieron ambos sus pezones negrísimos.

El caballero despertó al alba en un cuartucho, medio ahogado por las ubres formidables de la maritornes. Bajó al cobertizo, pagó al mesonero y se fue tras potar el zumo de cuatro limones.

Comió en Binijamó, la posesión donde se refugiara en enero de 1707, cuando huía de los filipistas. Allí le previnieron que la chusma del Arrabal era a la sazón ciertamente peligrosa, pese a lo cual continuó su camino al atardecer. Ya noche cerrada bordeó el inmenso puerto de Maó, escoltado por una patrulla de ingleses. No habrían recorrido media milla hacia San Felipe cuando toparon en un recodo con un hatajo de bandidos que despacharon a los soldados antes de que pudieran reaccionar. Dasi echó mano de la espada y clavó a un atracador. Alguien le atenazó la cerviz. Era un gigante de manos como palas, cuyos incisivos parecían colmillos de elefante al resplandor de la luna. Partió la hoja en dos contra su rodilla y le propinó al capitán tal sopapo que perdió el conocimiento.

Cuando lo recobró se hallaba en una choza inmunda, atado como un perro. Había una guaricha desgreñada y cuatro o cinco arrapiezos. El caballero comprendió que proyectaban pedir rescate por su persona. Sentía fortísima jaqueca. Tenía un hematoma en la frente. Se obstinó en incorporarse y se desvaneció una vez más.

Volvió en sí cuando todo bicho viviente dormía. Distinguió un fulgor extraño. Una doncella, pálida como la cera, le sonreía. Apartó la seda de su cuello para enseñar el verdugón cárdeno que tenía. Era Emilia.

—Chist —musitó—, voy a desatarte.

—Todavía te amo —dijo Dasi, medio turulato.

La abrazó, ardiendo de fiebre, pero se apartó como electrizado: su antigua amante estaba fría como el mármol.

—Has venido al lugar preciso —dijo Emilia sonriendo—. Aquél es nuestro hijo.

Pese a su debilidad, Dasi tomó al niño con denuedo, lo envolvió en su capote sin que despertara y salió por una puerta desquiciada. Emilia le facilitó un caballo y una botella de aguardiente. Algo más tarde daba voces en San Felipe.

Se mandó prender a los bandoleros, pero cuando fueron a por ellos ya habían volado. Mosén Martí Dasi permaneció tres días en la fortaleza, mientras fue pelechando. Envió recado a doña Ana, indicando que cuestiones significantes le retenían en el castillo. Cuando hubo retornado confió el niño al mayordomo, quien buscó una abnegada familia de pescadores, dispuesta a acogerle.

Doña Ana quiso saber algo de lo que se tramaba en el alcázar.

—Los ingleses necesitan apoyos cerca de la nobleza y el clero —dijo el capitán—, porque proyectan quedarse con la isla.

El heredero de las casas Dasi y Eleazar vino al mundo un deslumbrante domingo de octubre. La boyante pareja había paseado a hora avanzada por la plaza del Born. Doña Ana penosamente, debido a lo adelantado de la preñez. Con su negro vestidillo y el cabello moreno entre la seda, la cintura airosa pese al lamentable estado, la cara radiante, estaba más hermosa que nunca.

A través del Portal de la Mar bajaron al puerto. La cuesta era muy escarpada. Caminaron por el muelle. Laúdes y jabeques de pescadores se alineaban, blancos como la espuma. Se veían pingües de los que comerciaban con Mallorca y Argel; un pailebote acababa de arribar de Génova o Marsella y entraba también un bergantín goleta inglés. Ciertos viejos zurcían las redes frente a sus míseras covachas. Había en el aire todo el aroma de las profundidades. Un corro de niñas cantaba y daba vueltas, ¡oyop! Un mocoso vino a parar a los pies de mosén Dasi. Apenas tendría dos años, la cabeza cubierta de pelusilla rubia, todo orejas de tan flaco. El capitán le reconoció. Era su hijo.

—Diodor —llamó una voz.

Antes de que se alejara, Dasi le dio unos cuantos dobleros.

—Un crío muy guapo —dijo doña Ana.

Martí Dasi pensó que tendría un hijo rico y uno miserable. ¿Qué era lo que hacía a un hombre afortunado y a otro desdichado?

—Tal vez —dijo razonando en voz alta— ese chiquillo sepa convertirse en caballero respetable.

—Tal vez —concedió doña Ana.

El capitán se enterneció. Miró las murallas, últimamente casi desguarnecidas de cañones, y luego las blancas velas del bergantín británico. Casi confundida con el azul pálido del cielo reconoció la efigie de Emilia. Y le pareció que decía:

—Tú protégele, que yo velaré por él.

Y se sintió como más confortado.

Aquella noche doña Ana conoció que era llegada la hora. El capitán despertó al mayordomo y a los criados, y llamaron a la partera. La cocinera calentó muchísima agua. ¿Para qué tanta? Entraban y salían con jofainas y paños. Doña Ana chillaba y el caballero se metió en el calderón, con el agua hasta el cuello. Después le contaron que su mujer había mordido la vaina de su espada y que le llevaron la toballa del Santo Cristo, el que había sudado sangre milagrosa.

Le recibió lívida, pero sonriente. El rorro amorrado a la teta, menudo como una rata, con la piel todavía engurruñada y los dedos plegados.

—Se llamará Diodor.

—No —negó doña Ana—, Domènec.

—Sea —recapacitó el caballero.

¿A qué hurgar en el destino de los hombres?

En esto hicieron señas al capitán de que un sujeto precisaba audiencia. Recibió a un gañán sudoroso, que había venido galopando de Agua Fría. Avistaron una nave corsaria y llevaba trazas de introducirse en la cala.

Dasi organizó a toda prisa una partida de servidores y soldados ingleses. Llegaron a tiempo de catar el velero enemigo fondeado en el ancón. Los salteadores se dirigían a la playa en un bote.

Se desplegaron sobre las peñas. Había en lo alto una rústica torre, provista de cañón y mortero. A la voz de fuego se tiró a discreción. Colocados militares y labriegos en puntos estratégicos, y redobladas las detonaciones por el eco, aquello parecía un batallón. Los piratas retrocedieron a remo y vela. Pero los de la nave no parecían dispuestos a esperarles y largaron velas. Se oían imprecaciones en árabe. El capitán subió a la fortificación, ayudó a centrar el cañón y de un certero disparo partió la barca en dos. Los moros quedaron flotando en un mar de sangre, o braceaban para alcanzar el barco, que salía a escape. Los defensores los cazaron al vuelo, sin dejar ni uno vivo.

El barco se dio a la fuga. Se pasó aviso a todos los atrincheramientos de la costa sur, que fueron reforzados en previsión de un nuevo asalto. Pero no hubo tal.

Los de Agua Fría pudieron gritar:

—¡Hurra!

Y aclamar al capitán.

Mientras cabalgaba hacia el pueblo, con el alba de plata en las espaldas, el caballero iba pensando en sus dos hijos.

4. Que cuenta una disputa de soldados y lo que aconteció en carnaval, con algunos sucesos de Agua Fría y el nacimiento de doña María.

Mosén Martí Dasi y su convoy fueron aclamados por dar capote a los peligrosos ladrones bereberes. «Los cuatro de la Sala», Jurados de la Universidad General de Menorca, remitieron solemne parabién al caballero, demandando encomienda especial a los britanos. Era evidente que se le envidiaba la prominente condición alcanzada, tanto entre sus iguales como con los descreídos extranjeros. Dasi sabía que toda expresión amigable velaba cierta animosidad.

Un hecho vino a confirmarle sus barruntos. Hubo pelotera de soldados ante la puerta de su casa, y un granadero apareció con la cara socarrada por trabucazo. Andaba en coplas la mujer de su caballerizo, moza galana donde las hubiere, piruja y barrenada de cascos. Al cabrito no parecían estorbarle los devaneos de la dulce enemiga, mientras le valieran buenos reales de plata. De modo que cuando la trapatiesta se limitó a decir:

—Bah, un cuico emborrachado...

Y siguió cepillando el caballo.

La cosa no habría traído cola si el muerto no se hubiese ido de canilla, interrogado al oído por el Oficial Mayor. Dijo que acusó al mismísimo capitán Martí Dasi. Y aunque era asaz inverosímil que un cadáver hablara, todo el pueblo murmuraba. Claro que la chiquita tenía cara de rosa y el caballero bien podía haber perdido la cabeza.

Cuando estuvo en el cuento el capitán montó en cólera. Irrumpió en plena sesión del Tribunal, desnudó la espada y retó al que platicaba con los difuntos a que le respondiera unas curiosidades después de haberle traspasado. Hubo pública retractación en que se hacía saber que el finado jamás habló, que a lo sumo ladeó el labio quemado en media sonrisa, y que todo se reducía a pendencia de borrachines. Se castigó a los culpables, pero el honor de mosén Martí Dasi quedó en entredicho. De suerte que, para templar gaitas, se retiró discretamente a Agua Fría.

Continuaban allí cuando, en carnaval, la cara mitad del caballerizo se puso un bonito vestido de seda roja, que le regaló el capitán, peluca de plata y lunar de cristal. Traía los pies descalzos. Y como se encubría con negro cambuj, fue recorriendo todas las casas donde había baile, mediante un billete falso. Cuando al fin encontró al Oficial Mayor le engatusó con su leve acento italiano, y con el rebote de sus pechos en tanto que danzaba sin bajar los ojos, como debía, sino escudriñándole impunemente detrás del antifaz.

El suceso fue que el noble bebió demasiado vino y, tolondro por el desenfado de la fingida condesita italiana, se dejó guiar a un camarín del Real Alcázar, donde se descubrió el pastel cuando se hallaba en trance de cabalgar a la mucamita. Ya escurría el bulto, entre el regodeo general, cuando la damisela le atinó en el hocico con agrio naranjazo, pues era costumbre arrojar las hembras naranjas a sus galanteadores durante el antruejo. Tal quedó el hidalgo que no sabía si reír o llorar. Y para colmo resultó ser la costilla del caballerizo consentido.

El asunto terminó con bien para mosén Martí Dasi, pues el tole tole culpaba ahora al Oficial Mayor. Pero el caballerizo fue a por su señora y, a base de empellones y tortazos, le quebró la pata y la metió en casa. Le ofrecieron desterrarla al islote de las adúlteras, pero el zote dijo que ya tenía bastante con haber quedado tuerta y corcovada de la paliza. La pobre acabó como aya del doncel don Domènec, y no es seguro que en noches señaladas recobrara su venusted y se aderezara con ojo de oro y cristal para visitar el sueño de las casadas y exhortarles cautela.

Pasó algún tiempo. El capitán permaneció en Agua Fría

con su familia hasta diciembre de 1712, en que doña Ana estaba a punto de parir su segundo hijo. Faenaba con los masoveros todo lo que le permitía su condición de hombre recio y de caballero. Supo que los filipistas habían vencido en Brihuega y Villaviciosa, y que los ingleses negociaban la paz secretamente. Aún residían en el campo cuando el duque de Argyle tomó posesión de la isla en nombre de su reina. Entretanto Dasi arrimó el hombro en los sembrados. Efectuaba labores inadecuadas a su condición, como estercolar, partir leña o preparar embutidos. Compensaba ver crecer el trigo o la cebada, catar el queso mantecoso, cuando uno había puesto algo de su parte. Se podía soñar que la tajada era de oro, pero fonje como algodón. Adentellada vorazmente, convertida en rueda de Santa Catalina, filtraba luz pajiza y tenía una castálida en el centro, como en las consejas.

Con el niño en brazos el capitán atendía las patrañas de la masovera. Los platos rodaban sobre el anaquel. Las ollas saludaban con la cobertera. Los vasos de barro se desfondaban, y eran hondos como pozo de agua negrísima, pero muy fresca. Las figurillas pintadas en el papel de los entrepaños correteaban; un ciervo saltaba, un toro embestía, y la luna, asomada al ventanuco, ponía en sus cuernos goterones de limón.

La campirana, alta y hombruna, reventaba de risa, con el semblante lleno de arrugas y parpadeos del fuego, mientras evocaba la silueta del ogro, y de la ogresa que le metía en el ano largo hierro candente. Su aullido rajaba la noche de cristal.

Cuánto mejor valorar las cosas sencillas que ahogarse en el tedio de los dones, a quienes estaba vedado el comercio y el trabajo manual. Dasi pensaba que era magnífico sudar en la campiña, vivir las mitologías vulgares, desnudarse del uniforme como de una coraza medieval. Abrazar a doña Ana, y si la hallaba remilgada, llamar a la hija de los masoveros, entrar con ella en el establo y gozar de privilegio ancestral sobre los excrementos. Chapotear después en la alberca, y acaso beber a chorro en las ubres de las vacas. Eso sí era vida. En junio, antes de la siega, las espigas se ondulaban como mar de seda. El señor besaba a la señora y a su hijo. Luego también él se descamisaba, calzaba toscas abarcas y empuñaba hoz filosa que chispeaba bajo el sol. Las mieses iban cayendo, y las muchachas juntaban haces y gavillas. Mientras doblaba el espinazo la mísera payesa soñaba que el embarazo no era del capitán, sino de su verdadero marido. Al fin y al cabo no podía estar segura. Temía que el pegujalero le arrebatase el rebociño, la agarrara del pelo y, zas, le tronchase el cuello con el falce. Pero no, el esposo sabía y callaba, sumiso al amo. Tampoco ahogó al niño en el pilón, porque era buen cristiano.

Cuando castraban al ganado, estrujando los testículos a la manera moruna, la campesina se veía desnuda, a cuatro patas sobre la mesa, bajo la férula del patrón. Atajaba una lágrima y se revolvía, le arrancaba de cuajo el cipote y le dejaba bramar estentóreamente, como aquellas bestias desdichadas. Luego resultaba que le desarraigaban el hijo de las entrañas y estallaba en humores fétidos, antes de despertar, trasudada en la ardiente noche de verano. Sólo era un sueño. El hombre roncaba a su lado.

Meses más tarde, cuando acunaba al hijo junto al hogar, el amo atrancaba la puerta y le descubría el pecho con la espada, para alimentarse del grano y la miel de los pobres.

Por esa época, medio año antes de que se firmase la paz de Utrecht, la isla fue cedida a los británicos. Mosén Martí Dasi y su familia aviaron el retorno a la ciudad. Doña Ana se hallaba en avanzado estado de gestación y quería dar a luz en palacio.

La señora paseaba con el aya y el doncel don Domènec, en las plácidas tardes de otoño. Le gustaba andar por la vereda culebreante, mientras el pequeño juntaba manojos de pinillo, sin soltar la cadena del corderito, lavado y perfumado, con una medalla de San Francisco, que era su juguete predilecto. La jorobada velaba por su paso trastabillante, o retozaba con él, dando caza a pelotas de trapo o canicas de cristal. Tenían animales exóticos, impensables en la isla, como jirafas de marfil o panteras de madera.

Si lucía el sol, con el veranillo de San Miguel, merendaban debajo de la encina gigantesca que había al pie de la trocha. Doña Ana, sentada en la sillita de tijera, leía versos, o por ventura tejía un chal con hilos de plata. Comía coca de sobrasada, saboreaba un vaso de mosto y conversaba con el regato, como en los mejores cuadros bucólicos. Un fauno flautista convocaba a una doncella muy pálida, con verdugón de ahorcado en el cuello, y en los labios la frialdad de la muerte. Era Emilia. Doña Ana se acostumbró a verla. Solía sentarse a su lado, y departían para matar el aburrimiento.

—Yo conocí a tu hombre —le decía—. Y no soy la única.

La señora callaba. Recamando, se pinchaba un dedo, y tras delicioso mohín, chupaba la sangre. Sabía a ciruela. La difunta se sulfuraba por su silencio, ponía dos cuernos azufrados en la frente y sacaba lengua bífida de reptil. Doña Ana alzaba los hombros para observar:

—Los varones no tienen virgo.

La muerta figuraba lo que el capitán hacía en aquel preciso instante: follarse una esclava mora en el burdel de la calle San Juan, de Ciutadella. El ama la abofeteaba, enardecida, y su cara se hacía añicos, como un espejo.

Poco antes de marchar para la ciudad, doña Ana mandó atar sus rivales a la encina. Quedaron separadas por el tronco colosal, piernas y brazos extendidos. Y así pasaron la noche. Por la mañana había un hueco, bajo el que en adelante se podía cruzar la vereda a caballo. La payesa estaba más hermosa que nunca. Tenía ojos verde esmeralda, carnes fragantes, palmito resplandeciente, como la faz dorada de la luna, y cuando reía de su boca escapaban ruiseñores.

Diciembre fue inusitadamente frío. Ya en palacio, doña Ana sólo se arriscaba a bajar al patio porticado y estirar las piernas bajo los soportales. Contemplaba los árboles desnudos, humedecidos por la lluvia, las hojas pasmadas de laureles, mimosas y jazmines. Las palmeras y cipreses se combaban pesadamente, sobrellevando la carga del invierno. Los rosales eran todo espinas, como la corona del Señor, y las madreselvas tampoco conseguían medrar. La señora alzaba la mirada y suspiraba. Destacado en los rosetones del techo, advertía el escudo de los Dasi: un ancla sobre mar flexuoso, y las barras de Aragón. A doña Ana le recordaba el nombre de Agua Fría.

Cuando su padre iba a verla, se quedaban platicando durante horas junto al balcón. La jorobada la peinaba en presencia del señor de Eleazar, y una que otra vez vio al vejete posar risueño su mano sobre el vientre del ama, para sentir cocear al nietecillo. Solía traerle golosinas, caramelos cuadrados, verdes o coralinos, duros como cristal, o confites de almendra. A media tarde se servía el chocolate, en jícaras de porcelana, con cubertería y bandeja de plata. Raras veces tomaba el señor ensaimada o sequillo alguno, y aun sorbía apenas media taza, y no por falta de ganas, sino temeroso de cobrar carnes y que le hubieran de sangrar, pues las sanguijuelas le daban verdadera grima. Después siempre bebía un vaso de agua de cisterna.

La señora madre de doña Ana la visitaba menos que su papá. Tenía achaques en las piernas y aunque el médico le aconsejaba precisamente andar, prefería sus cotilleos y devociones que aquella hija casada con un personaje relevante. Siempre se le reprochó su incapacidad para engendrar un heredero varón, y esto le producía cierto resquemor. En cuanto venía todo era quejarse de los pies, de la frialdad de los salones y humedad de la isla, que la tenía entumecida de reumatismo.

Doña Ana, echándolo a chacota, dijo que el mejor remedio era sumergirse en una cuba de orina de burra calentita. Más adelante el señor de Eleazar contó que su mujer había hecho reunir veinte asnas de sus predios, y de posesiones vecinas, y las forzaron a mear dentro de un tonel. Resultó preciso caldear el mejunje, porque los brutos rehusaron orinar al mismo tiempo, por más que les zurraran. Luego de tantas fatigas la medicina no surtió efecto, antes olía pestes y no había quien se arrimase a la señora, por muchos polvos y bálsamos que se daba. El señor se descoyuntaba de risa, y doña Ana soltó el chorro. Su madre tardó mucho en volver. Hicieron las paces el día de Navidad. Hubo banquete en el palacio Eleazar. Se sirvió sopa de pescado y pavo relleno, junto con postre exótico a base de piñones, almendras, nueces, higos secos y uvas pasas. Remojado con excelente vino dulce de Alaior. Y se ofreció un producto de las Indias, vendido por comerciantes mahoneses: café. Todo el mundo se avino a que sabía muy amargo y era cien veces preferible la manzanilla.

El doncel don Domènec recitó un verso incoherente, y sus padrinos le obsequiaron con buenos duros de plata. Mosén Martí le enseñaba a remolinearlos sobre la mesa.

Por la tarde toda la familia fue a ver el belén de la iglesia parroquial. Era gigantesco, con ríos de agua verdadera, palmeras rebosantes de dátiles, ángeles que cantaban alabanzas al Niño Jesús y un cometa iluminado, que surcaba los aires seguido por los pastores. Verdaderamente, el artesano que urdió aquel mecanismo de relojería tenía un ingenio muy vivo.

Después cumplimentaron a parientes y amigos. Al anochecer doña Ana hubo de ser asistida, porque en medio del claustro de San Francisco, a cuyos frailes también habían acudido a saludar, entre magníficats resonantes, sintió que una mano tibia le acariciaba el envés de los muslos, separó las piernas, concupiscente, y advirtió que estaba toda mojada, pues acababa de romper aguas.

El parto fue más fácil que la otra vez. A eso de las once mosén Martí Dasi ya pudo entrar en el dormitorio. Tenían una hija que iba a llamarse María.

5. Del bautizo de doña María y de las aventuras y desventuras de Diodor.

En abril de 1713 se firmó la paz de Utrecht. Se salvaguardaron los privilegios y fe católica de los insulares. Cataluña, por el contrario, perdió todas sus inmunidades cuando el 11 de setiembre de 1714 capitulaba frente a los filipistas. Doña María ya había sido bautizada a la sazón. La ceremonia fue soberbia. Tuvo lugar en la iglesia parroquial y acudió lo mejor de aquella colectividad encopetada, que ahora recelaba perder su influencia. La criatura traía un espléndido capillo de seda y oro, resplandeciente como la mañana de primavera. Se dio un hartazgo de dormir durante el ritual. Sólo cuando se le derramó el agua en la cabeza catiteó ligeramente, sin llegar a despertar. Durante la misa que siguió el capitán fue a comulgar, pues se había confesado con el cura novato de su casa. El pobre clérigo se quedó despatarrado ante la enormidad de sus desmanes amorosos, y exclamó:

—¡La órdiga!

—¿Decía, padre?

—Nada, cosas mías... Señor, así no os puedo absolver.

—A fe que lo haréis. ¿Vos no tenéis amoríos?

—¡Excelencia!...

—Ah, vamos, vamos... Dejaos de monsergas y absolvedme.

—Pero...

—¡Haced lo que os digo!

El capellán levantó los ojos al cielo. A través de la ojiva vio un sol radiante asomado a la capilla. En medio había un triangulito de plata, con un ojo gigantesco, provisto de párpado bruñido. En aquel preciso instante hizo una guiñada, y el sacerdote miró al relapso.

—La misericordia de Dios es grande —aseguró—. Dijo

no 7 veces, sino 70 veces 7. Arrepentíos de vuestros pecados, proteged a los desvalidos, velad por la grey del Señor y rezad un rosario cada atardecer.

—¿Durante cuánto tiempo?

El cura se encogió de hombros.

—Está bien, vos rezaréis conmigo.

Treinta niños pobretones asistieron a la colación con que se celebró el bautismo. Entre ellos Diodor, que a sus pocos años ya trabajaba de pescador.

Se había fabricado un techo de palmas en la terraza, bajo el que se alineaban largas mesas, lujosamente aderezadas. Se ofreció chocolate y ensaimada, pastelillos con conserva de membrillo, panecillos de sobrasada, empanadas de carne, requesón y queso, torta de almendras, confites variados y suspiros de azúcar. Hubo vino dulce y agua fresca con azucarillos.

Algunos nobles se achisparon con el vino y bailaban con las damas, habiéndose quitado las negras levitas, al son de guitarras, guitarrillos y panderetas. Las señoras brincaban divertidas, un poco hechas a las costumbres liberales del invasor. Dasi acorraló a la mujer de un militar británico, olvidando sus propósitos de enmienda. Doña Ana sonreía con sus dientes de perla.

—Decidme —preguntó—, ¿me habéis querido alguna vez?

—Señora, no lo dudéis. Siempre fuisteis muy apetitosa.

—Y vos muy galante. ¿Cómo os llaman en la milicia, «bragas de fuego»?

—«Pichita de oro.»

—Ah, eso.

—*Golden prick?* —se informó el oficial inglés.

—*Yes*, ¡ja, ja!...

—¿Qué ha dicho? —interrogó doña Ana.

—No lo sé, ¡ja, ja!, pero ríete.

Diodor salía a pescar en el falucho de su padre, con un

viejo lobo de mar. Era tajo cruel para niño tan parvo. Habían de andar legua y media, desde la ribera inmediata al caladero, por arriates impracticables, para traer el pescado a la ciudad. Poco después del bautizo, marchando de Ses Fontanelles con la talega llena a rebosar, les asaltó una cuadrilla de bandoleros. El viejo fue bárbaramente acuchillado. Antes de cerrar los ojos baladró:

—¡Justicia, niño, que me matan!

El chiquillo, aguijado por los alaridos del abuelo, se lanzó sobre su matador como jaguar, arremetiendo a puñadas y mordiscos, hasta que el bandido, desternillándose de risa, le apartó de un manotazo. Se hirió con una piedra y perdió el sentido. Antes de cobrarse vio una señora muy pálida, con un verdugón de ahorcada en el cuello, que le decía:

—¿Ves? Ésta es la justicia de los pobres.

Se desadormeció y no había nadie, pero aún percibió el perfume de aquella dama.

Siguió el rastro de los malhechores, y al anochecer les descubrió en la cueva donde descansaban. Comió del caldero que todavía humeaba sobre las brasas. Encontró una bolsa de reales, piastrinas y piezas de a ocho. La tomó y se alejó sigilosamente.

Ya en el sendero no cabía de contento, pues con aquel dinero podría aliviar a su padre. De pronto le cayó encima un jayán como una montaña, que le arrebató el bolsillo. Lucharon, con gran desventaja para el pequeño. Se revolcaron. El gigante le atenazó la garganta y ya se le nublaba la vista al crío cuando le mordió en la braguueta. Aulló estentóreamente y su mano se aflojó. En un último intento el chico hincó el diente y le arrancó un testículo.

Luego huyó, galopando con la luna a cuestas durante el resto de la noche. Hasta que llegó a las puertas de la ciudad. Tenía una baba de sangre sobre el pecho, pero había salvado la plata.

Cuando el padre enfermó de tifus Diodor se hizo cargo de

la barca, con otro marinero entrado en años. El mal se alargó en extremo. Sus hermanos se pusieron a compango de nobles señores. Los médicos, que habían aprendido el oficio de sus padres y nada sabían de remedios modernos, hicieron cuanto pudieron, mas Dios acabó llamando al pescador. Le metieron en negro cajón y le llevaron a la iglesia.

Diodor y el anciano se hallaban en el mar, fustigados por viento sudeste. Lastraron con piedras y pusieron rumbo a tramontana. Pero el siroco soplaba con virulencia y un golpe de mar volcó el falucho. El viejo quedó chapaleando impotente sobre una montaña de agua, hasta que le faltó firmeza y se ahogó. El mozuelo también sucumbía cuando una mano ciclópea, blanca como la espuma, le transportó a la playa. La misma dama que se le mostrara al ser atracados por los bandidos, le secó con aliento perfumado. Era bella como una rosa.

—Gracias por salvarme. ¿Cómo te llamas?

—Emilia.

—¿Y quién eres?

—Soy tu madre.

—Mi madre murió.

Se quedó dormido al arrimo de una peña. Por la mañana buscó lapas, cangrejos y caracolillos de mar que llevarse a la boca. Echó a andar. A mediodía un conejo se quedó atravesado delante de una mata, y lo cazó con certera pedrada. Para asarlo prendió fuego a la hojarasca con eslabón y pedernal.

Cuando alcanzó el pueblo supo que su padre había dejado este mundo. Era el más cuitado de los muchachos, solo en la casuca abandonada. Se adormiló sobre el jergón. Oía batir la puerta, sin decidirse a trincarla. Al fin percibió muy adentro el rumor de unos pasos. Se volteó, creyendo soñar, y alguien atrancó la cancela. Abrió los ojos con gran esfuerzo y, a la luz del candil, reparó unas botas lustrosas, con espuelas de plata, seguidas de pantalón oscuro y vaina de espada. Era el capitán Martí Dasi. Se incorporó como empellado.

—Señor. ¿Sois vos, señor?

—¿Te gustaría navegar en un barco de carga? —preguntó, sonriente, el caballero.

—Claro, señor.

Y así fue como se enroló en el pingue *Ramona de los mares,* que viajaba a Mallorca, llevando ganado, y regresaba con aceite y tabaco de contrabando. De cuando en cuando traficaban en Argel.

Diodor fue pronto marinero experto. A los doce años era mozallón de buenas espaldas, y a los quince un hombre curtido en las lides del mar, de ojos grandes y soñadores, lleno de noble ambición.

En la última salida a Argel encontraron la ciudad desolada por la peste. Las aguas pútridas del puerto no reflejaban ya el contorno de los muelles, ni los arcos de la lonja, ni el perfil de cárabos, pailebotes o galeras, sino la faz descarnada de la muerte. Las mercancías llevaban meses sin despachar, amontonadas a merced de golfines harapientos, atacados de bubones, que tragaban vituallas contaminadas, rompían cerámicas o destripaban sacos de grano.

Trataron con un mercante inficionado, que les indicó los rimeros de madera con gesto vago, como despidiéndose de este mundo. Cargaron los tablones, que estaban cubiertos con lonas polvorientas, prestos a escapar de aquel lúgubre apostadero. El argelino se rebujó en su chilaba y aconsejó que rezaran a su Dios para que no les contagiara el mal. El agua olía a orines y tenía restos de excrementos, andrajos, pantuflas y aun cadáveres descompuestos. Se hicieron a la mar de noche, remando para alejarse más rápido.

A mitad del trayecto el nostramo, que sesteaba a proa, abrazado a la guitarra con que se acompañaba en las horas de tedio, bostezó y, sintiendo comezón en el dorso de la mano, se rascó hasta sangrar. De pronto abrió los ojos y escrutó la pústula deleznable que había estallado con el roce. Precipitadamente escudriñó el cuello, las axilas; se quitó el pantalón y hurgó en las ingles. En efecto, tenía el cuerpo infestado de la mortal enfermedad.

En vano ocultó sus manos y disimuló sus padecimientos. Pronto dos marineros se hallaron apestados. Uno murió en medio de terrífico tormento, y fue enterrado en el mar. También el contramaestre se zambulló una noche, dispuesto a dejarse llevar por las olas hasta donde le permitiera su aguante. El otro llamaba lastimeramente a su madre, y feneció a la vista de la costa menorquina, ante el cabo de Mal Pasar. Diodor cargó con él y lo echó a los peces, pues los demás se sentían amedrentados con la parca al acecho.

Con el mar en leche la agonía se prolongó durante algunos días. Cuando ya enfilaban la rada salió una barca con pabellón inglés y el comandante les prohibió entrar, puesto que Ciutadella carecía de lazareto. Debían bordear la costa hasta la isla de la cuarentena, en el puerto de Maó, donde quedarían en observación.

Pero el viento aún se retrasaba. Un calmo amanecer, con el sol de plata sobre la torre de la iglesia y una línea de espuma en los negros peñascos, Diodor percibió un laúd que se acercaba. Un oficial le saludaba, de pie en la crujía.

—Ohé, los del barco.

—Ohé.

—Soy el capitán Dasi.

Traía carne salada, galleta, verduras, fruta fresca y un bidón de agua. El caballero subió a bordo y le estrechó la mano, sin temer infeccionarse. Le dio un puñado de libras, mediante las que serían muy bien tratados en la cuarentena, y le ayudó a arrojar los tablones al mar, para soltar lastre. Se despidió con otro efusivo apretón de manos.

Mientras se retiraba, los marineros remando como alma que lleva el diablo, Diodor meditaba qué inducía a aquel hombre a favorecerle, qué vieja amistad le unía con su padre. Noble respetado, casado con dama de su rango, con dos hijos ya crecidos; valiente en la guerra, fogoso en la cama; empleado por el gobernador Kane en la mayor de sus empresas, el camino que unía Maó y Ciutadella, ancho como para permitir el paso simultáneo de siete caballerías; ¿qué vínculo secreto le ligaba con él, mísero muchacho?

A mediodía, con sol radiante, se levantó un poco de brisa. La vela se hinchó, percutieron las poleas. Diodor se desentumió, desató la caña del timón, miró a lo alto. Una musa pálida, de cabello dorado y cara redonda, soplaba con los carrillos inflados para empujarles. Era la que dijo llamarse Emilia y ser su madre. Diodor le preguntó si conocía al capitán.

—Ese hombre es tu padre —dijo la muerta.

6. Que trata de la cuarentena y del oficial inglés que protegió a Diodor, con lo que luego le aconteció.

En la isla de la cuarentena fueron atendidos con esmero, gracias al peculio que traían. El mal no había hecho mella en Diodor, ni en los otros marineros. Tras quince días de reconocimiento ya les fue dado entrar y salir del bojeo, y en breve podrían llevarse la embarcación. Tenían que rendir cuentas de la carga perdida, pero era probable que mosén Dasi se mostrase fiador.

Durante la prevención, en la comodidad del asilo, echado en el camastro o tumbado al sol, Diodor aprendió primeras letras. Le instruía un oficial inglés, Mr. Weekdale, asimismo recluido en el islote con su tripulación. Era un hombre entrado en años, campechano, de habla dulce y reposada, máximum de la amabilidad. Ilustrado, había rodado mucho, y conocía al irlandés Jonathan Swift, que se hallaba a la sazón en trance de redactar *Viajes de Gulliver*. Penetraba las pasiones de su prójimo y con su sola presencia apaciguaba la disputa más exaltada.

Diodor demostró gran viveza natural. Quedó al servicio de Mr. Weekdale, una vez concluida la cuarentena, en su bonita casa de Maó. Así pudo continuar su educación, pasando del catalán al castellano y aun al inglés; aprendió cuentas, geografía; leyó tratados comerciales y estudió el arte de navegar.

Supo de las reformas auspiciadas por el gobernador Kane. El propio capitán Dasi había trabajado, con tres mil soldados de la guarnición, en el nuevo camino que unía los dos extremos de la isla. En adelante podrían fabricarse carretas, aunque los menorquines eran reacios al progreso, y se emperraban en seguir montando burros de carga por la senda antigua.

Hoy día se disponían puentes y vías colindantes que unirían predios y playas remotas. Con ello se convertirían en vergeles los más recónditos salobrales, sembrando las semillas importadas por el brigadier Kane. Con sus sabios consejos medrarían las nuevas especies de ganado, y con los reglamentos de pesca, vino, caza, cereales, etc. se alcanzaría gran mejoramiento.

Port Maó, ciudad ahora convertida en capital para albergar a la potente flota inglesa del Mediterráneo, había recabado su época de esplendor. En el puerto se edificaban atarazanas y muelles convenientes, y abundaban ya mercaderes griegos, hebreos o italianos. Se arreglaban las calles y proyectaban otras nuevas. Un reloj, traído de Londres a la casa consistorial, marcaba la hora de la modernidad.

Diodor abría la buhardilla, en casa de Mr. Weekdale, y contemplaba los barcos de guerra británicos, fondeados en el puerto. Intuía la abundancia que emanaba de la tropa hambrienta y sedienta, hastiada de carne salada y galleta, suspirando por alimentos frescos, vino de dos orejas y hembras desorejadas.

Oía chillar a los mercaderes italianos, «Santi belli!», apercibidos a traficar con la buena fe de los isleños, y con la voracidad del más astuto de los pueblos. Los griegos se amparaban bajo la *Union Jack*. Los judíos armaban corsarios contra naves francesas o españolas.

En suma: todo un mar de oro ahí, al alcance de cualquier muchacho de oscuro nacimiento como él, que bregase con tesón.

Extendía los brazos, como abarcando el horizonte, preñado de salinas, otra fuente de riqueza. Pasaba revista a sus míseros recuerdos y consideraba el bien que se le ofrecía, invitándole a ser osado y conquistarlo. Y abrazaba el mundo, adueñándose de todo.

Rememoraba los días de cuarentena. Jornadas de sol otoñal, retiro y estudio. Por la noche, bajo un cielo tachonado de estrellas, surgía el espectro de Emilia, la que decía ser su madre. Insulares y britanos brindaban y cantaban. Emilia lamía las bubas de los que morían ajumados, impregnándolas de lustre blanquecino, como primorosas costras de salitre. Se dejaba besar por aquellos desdichados, atascándoles de hielo la garganta.

Diodor le tocaba el verdugón del cuello.

—¿Te duele? —preguntaba.

Y como no contestaba:

—¿Duele, la muerte?

—No temas, tú no vas a morir. Todavía te quedan muchos años.

—¿Propicios?

—Tienes que luchar para que lo sean.

Diodor se echaba en su yacija y antes de dormirse releía la lección que por la mañana debía rendir a Mr. Weekdale. Afuera se oía runrún de borrachines y llanto de apestados. En sueños su madre acudía a sosegarle.

Acabada la prevención mosén Dasi se constituyó en garante por la carga malograda. Se completó la marinería del pingue. Diodor permaneció con el oficial inglés dos largos años.

Los días de verano solían ir en una cachucha, junto con alguna dama inglesa cabalmente escotada y provista de quitasol, hasta la cala llamada «de las ostras». Diodor se desnudaba y, tras santiguarse, se sumergía, armado de martillo y cincel. Buceaba más de diez brazas para arrancar las apreciadas conchas. Invertía un minuto, y en ocasiones Emilia le ayudaba a localizarlas con el fulgor de sus ojos.

Si le sobraba tiempo se dejaba mecer, sin salir a flote. Rasaba la arena del fondo, y las algas de fibras oscilantes. Veía una chopa de plata y la seguía a una covacha que tenía playa interior, y un hueco por donde asomaba el sol. Descansaba en la orilla, y los de arriba creían que se había ahogado. Hasta que salía cargado de ostras.

Diodor aprendió a llevar en el bote jovencitas inglesas, que se encueraban con él y somorgujaban hasta la cueva. Allí conoció por primera vez el amor, en brazos de aquellas ninfas doradas, de pezones salinos, llenas de ternura. El sol se colaba entre las rocas y centelleaba sobre las aguas como coral labrado. Emilia sonreía en los dientes de las mocitas gimoteantes, orgullosa de su vástago.

Puro deleite que algún día, pensaba Diodor, se concentraría en una muchacha hermosa, sí, bella como aquéllas, pero que le tocara el corazón y estuviera dispuesta a hacerlo suyo para siempre. A ésa la convertiría en su mujer.

Entonces visitó Menorca Sir Geoffrey Dumb, lord inglés allegado a Su Majestad. Viajaba en una airosa fragata, con la que resolvió contornear la isla. Mr. Weekdale, que era cartógrafo experto, le acompañó, dispuesto a medir y dibujar los menores accidentes. Recorrieron la costa norte. Penetraron en el hermoso puerto de Addaia, lleno de recodos y riberas frondosas, de parajes umbríos que presagiaban la poesía romántica. Mr. Weekdale demostró su pericia de navegante sorteando los bajíos y angosturas de tan agreste ensenada.

Recalaron asimismo en el resguardado puerto de Fornells, donde se encontraba el fuerte de San Antonio, y una aldea de pescadores. Asaron montones de sardineta para la tripulación, y guisaron además una gigantesca tortuga con alcachofas, habas, guisantes y patatas tiernas, que se sirvió en platos con rebanadas de pan y acompañado de buen vino clarete. Luego, mientras la marinería bailaba al son de caramillos y adufes, y Sir Geoffrey sesteaba entre dos maturrangas exuberantes, Mr. Weekdale inspeccionó la costa en una falúa.

En Ciutadella Weekdale se mostró muy interesado por el resuello del mar en huecos cubiertos de espárrago silvestre o zarzamora, al pie de cercas de piedra polvorienta, junto al pequeño castillo de San Nicolás, en la bocana del puerto. Parecía un gigante roncando amenazadoramente. Se pidió la opinión del señor John Armstrong, ingeniero al servicio de S. M. Británica, que se hallaba a la sazón recogiendo notas para una peculiar *Historia de Menorca*, donde se incluirían curiosidades y ciencias de la naturaleza. Armstrong manifestó que no apostaría nada en contra de que fueran los mismísimos fuelles del diablo, tal como aseguraban los soldados, aunque dando crédito a la razón parecía tratarse de una espaciosa caverna que socavaba el acantilado y dejaba pasar el mar.

Decidieron explorar la cueva en un bote, provistos de armas y antorchas. John Armstrong excusó su participación en la empresa, por cierto reúma que padecía. Sir Geoffrey se refugió en el burdel de la calle San Juan, entre siervas moras y danzas delirantes. Sólo Diodor, con otro joven marinero, acompañó a Mr. Weekdale.

Entraron remando con cautela, dirigiendo la luz de las antorchas acá y acullá, sobre la roca negruzca, húmida por los embates del mar. A medida que progresaban el conducto se estrechaba. Pronto resultó evidente que no podrían avanzar más y que los agujeros por donde rugía el mar debían de ser caños angostos en que concluía la caverna. Resolvieron virar, tras tomar Mr. Weekdale sus apuntes. Sir Geoffrey se alegraría sin duda del regreso anticipado, por la comilona de centollos a la brasa que les aguardaba, pues habían comprado dos sacos llenos a cinco dineros la pieza.

Ya cerca de la salida Diodor advirtió una hendedura lateral en la que, agachándose, cabía un hombre. Saltó a una seca y examinó la abertura a la luz del hachón. El hueco parecía espacioso y llamó a su protector.

Amarraron el bote a un saliente y se metieron en la gruta. Caminaron con el agua hasta los tobillos y comprobaron lo desmedido del antro, en el que había una especie de mar interior. La bóveda aparecía preñada de estalactitas, púas y columnas, caprichosamente entrelazadas, formando como un laberinto de marfil. Allí los orificios donde resoplaba el mar en remolino eran puntitos resplandecientes.

Mr. Weekdale trazó sus croquis, dispuesto a acotarlos. Por cierto que, habiéndose sentado sobre un gran escollo liso, depositó el hacha en el suelo y al poco tiempo resonó un alarido terrible. La peña se movió, arrancada del fondo, y mostró ser la cabeza de un pulpo colosal, quemado en su letargo. Se había alzado y el inglés pudo agarrarse a un par de estalactitas y quedar columpiándose en el aire.

Pero el monstruo le había visto y enrollándole en uno de sus tentáculos se lo llevó al hocico. Para pasmo de Diodor y del compañero, que pugnaban por socorrer a su señor, en la boca del endriago apareció una doncella joven y atractiva, de cuerpo esbelto, ceñido de sedas rojas, sobre las que destacaba su cabello de oro. La oceánide descargó en la jeta del inglés un fluido corrosivo que le dejó totalmente deformado, antes de que el animal terminara de engullirlo en sus fauces potentes.

En vano dispararon Diodor y el marinero. El monstruo amortiguó los impactos con su carne algodonosa y de un tabanazo robó al marino, que fue asimismo atacado por el líquido mordaz y deglutido. A continuación le llegó el turno a Diodor. No hizo nada por defenderse. De un voleo estuvo frente a la muchacha, que era notoriamente encantadora. Le contemplaba con una ligera sonrisa en los ojos azules, los labios carnosos todavía cerrados. Toleró que la tocara sin hacer un solo mohín. Lo que el chico había creído sedas encarnadas eran en realidad membranas de aquella curiosísima crisálida.

La doncella abrió de improviso la boca, para fascinación de Diodor, dispuesta sin duda a rociarle con su ácido. El mancebo aún consideró las mucosas blanquecinas del interior, la falta de lengua y el agujerito negro por donde iba a salir el chorro fatídico. Se apartó justo a tiempo de evitarlo. Atenazó el cuello de la virgen y sin demora le clavó el garfio en la nuca.

El endriago gimió al punto lastimeramente. Aulló varias veces de modo horrísono. Aflojó el tentáculo en torno a Diodor, lo que le permitió escapar. Antes de salir aún vio al monstruo convulsionarse, herido de muerte. La doncella tenía el pelo tinto de sangre.

Desató el bote y remó denodadamente hacia la desembocadura.

7. De cómo Diodor compró un jabeque, conoció a Moza y se enamoró de doña Catalina.

Mosén Dasi había sido promovido a coronel, pero el común de las gentes seguía llamándole capitán. El padre de su mujer había fallecido una amarrida tarde de setiembre. Aquel viejecito chuzón, capaz de chotearse en las propias barbas de la muerte. Sesteaba en el diván, junto al ventanal, cuando sintió que se asfixiaba. Parpadeó, asustado, y las figuras estáticas de los tapices parecieron sonreírle por conmiseración. Comprendió que estaba dando las últimas boqueadas y le hizo un jeribeque a la parca, por si las moscas.
—Mejor meterle un dedo en el ojo —masculló.
Se vistió a la francesa, con calzas bordadas, zapatos de lazos primorosos, espada al cinto, casaca roja recamada de plata y ahuecada peluca blanca. Salió a la calle. El vello del bigote adquiría resplandor perlino con el sol, como la luenga cabellera.
No saludó a nadie. Desde la miranda contempló las naves ancladas en el puerto: una corbeta inglesa, alguna barca de mercachifles y míseras embarcaciones de pescadores. Todo como paralizado, desde que la capitalidad se había trasladado a Maó.
Vio a Diodor y le llamó. Desde que había muerto su tutor volvía a ser un pelagatos. Había salido con bien de un trance famoso. Pescando boliche durante el mes de julio, se chapuzó para espantarlo hacia la red. Los peces chapaleaban, remolinando el agua como una lluvia tenaz. De pronto apareció una lamia, dispuesta a zampárselo en un credo. Lo menos medía tres metros. Pero un brazo fosforescente se introdujo en la boca del animal y le arrancó de cuajo las entrañas. Unos decían que Diodor era el chamaco más valiente del pueblo, otros que le amparaba una preciosidad con verdugón de ahor-

49

cada en el cuello. La verdad es que el chico se aferró a un escálamo y se lanzó sobre la borda, arrastrando al marrajo.

—¿Es cierto que atrapaste a ese tiburón? —le preguntó el abuelo.

Diodor sonrió.

—No —dijo.

El viejo tenía los ojos verdes y un pelucón de platino. Buscó en la faltriquera y extrajo una bolsa tintineante.

—Toma —añadió—. Cómprate un barco.

Había una fortuna en duros de plata.

—¿Por qué?

Pero el anciano ya se alejaba cara al convento de San Francisco. Volvió a verle al anochecer. Vestía, precisamente, hábito de franciscano a modo de mortaja. Estaba metido en el ataúd, sobre la mesa de la sala, en el palacio Eleazar. Estrechó la mano del capitán y éste le sobó cariñosamente la espalda. Le presentó a la viuda, que zollipaba bajo un velo negro. Le atendió un instante con complicidad, como si le conociera de toda la vida, y dijo entre dientes:

—No voy a tardar en seguirle.

Doña Ana se hallaba consternada, la cabeza gravitando en el hombro de su hija María, de apenas doce años. A su lado otra doncella, prodigiosamente hermosa. Clavó la vista en Diodor. ¡Qué bonita era! El pelo negro, lacio. Los ojos relucientes, cándidos. Alta, el pecho ya graciosamente erguido. Cómo le habría gustado ceñirla, olvidarse de todo. La frágil cintura se doblaría bajo su peso. Sentiría el cuerpo mortificado por cien alfileres de gozo.

—Doña Catalina de Elm, hija de los marqueses de Osorio —anunció el capitán.

Domènec, muy envarado, sonreía con la suficiencia de los catorce años, pese al duelo. Diodor torció el gesto. Recordó unos versos de Jorge Manrique: «Allegados son iguales...». Lo había leído en un libro de Weekdale.

—Les acompaño en el sentimiento —dijo.

Antes de traspasar el umbral miró un momento atrás y verificó que los ojos de doña Catalina seguían fijos en él. Mientras bajaba la escalera de mármol soñó que le agarraba los pechitos y estaban hechos de bruma, pero tremendamente perfumada. Besaba sus labios rosos, desgarraba la basquiña y el torso era coruscante, la espalda lisa, el cuello de cisne.

—Te quiero.

Casi tropieza, intentando descender un escalón inexistente. ¿Palpitaría también su corazón?

Mosén Dasi le prestó el mejor caballo de Agua Fría y en un par de días se plantó en Maó. Se dirigió a las atarazanas y encargó un jabeque.

—Ja, ja —rió el principal—. ¿Para qué lo quieres?

—Para ir a Italia.

—¿Tú solo? Ja, ja.

Diodor vació la bolsa sobre el tablero y el hombre dejó de reír bruscamente, como si le hubiesen seccionado la garganta.

—¿Cómo dices que lo quieres?

De vuelta Diodor paró en la posada de Mercadal. La Maritornes le dio una jarra de vino con ración de carne. Tenía el pelo pegado al cráneo, de puro sucio, y la cara redonda como la luna. Pero no era fea. Cuando tornó le arrancó de un tirón el cordel del escote y aparecieron las tetas orondas, lozanas. Se sintió borracho de fatiga.

—Tú, bien limpia, no debes de estar mal.

Sirvió otra mesa y luego se sentó a mondar patatas en la banqueta.

Al poco rato se bañaba en el aposento de Diodor. Dejó el agua negra como carbón. Una vez seca, el pelo cardado con escarpidor, resultó bruñida como una manzana. Tenía los ojos enormes, oscuros, los labios mullidos. Robusta, pero sinuosa, sólo las piernas eran un poco gordas, zafias. Bastaba con no repararlas. El mancebo se fundió en sus brazos, pensando en la marquesita de Osorio.

—Siempre que venga recuérdame que te dé un remojón.

El gallo cantó a primera hora. Una gallina puso un huevo en la almohada. Diodor lo agujereó. Estaba tibio. Sorbió y luego le dio un tantico a la muchacha.

—¿Cómo te llamas?

—Me dicen «Moza».

—Cuando sea rico te pondré de cocinera.

Se demoró todo el día en el figón. Por la noche se echó tanto vino al coleto que se durmió encima de Moza.

—Volveré —dijo al tomar el portante.

Pero no retornó en dos años, que pasó comerciando con Génova y Marsella. Había reunido una tripulación de ocho hombres y salían comúnmente con carga de lana, para regresar transportando cerámica, cuadros esmaltados sobre vidrio, o madera de calidad, tan escasa en la isla. Los conocimientos de Diodor sobre navegación les salvaron de muchos peligros.

El capitán Dasi financiaba muchas de sus empresas, así como una peña de mercadantes que, imitando a los de Maó, habían empezado a arriesgar sus ahorros, penosamente juntados, con vaga conciencia de clase. Claro que Dasi era un aristócrata, pero embebido de ideas liberales, a guisa de los británicos.

En 1726, a la tornada de un provechoso viaje, Diodor se acercó a doña Catalina en el paseo. Iba con doña María de bracete, ambas haciendo gala de sus espléndidos catorce años. Le dijo una gentileza y le besó la mano, dándole un vuelco el corazón. Ella se dejó hacer, y luego se alejó rozagante. El chico quedó cabizbajo. Buscó un caballo y se trasladó a la hostería de Mercadal. Moza estaba desaliñada, con el cabello pringoso, como la primera vez.

—¿Recuerdas que te debo un chapuzón? —le dijo.

Ella soltó cuanto tenía y rodeó su cuello. Se acordaba. Al día siguiente recompensó al mesonero y se la llevó a Ciutadella. La metió en el jabeque, de cocinera. La gente empezó a murmujear y doña Catalina vertía algunas tardes una lágrima desde la balaustrada, contemplando las naves del puerto. Y durante el verano, en Agua Fría, adonde acudía desde que había finido la madre de doña Ana, se interesaba ante el capitán por Diodor, que se hallaba en Italia o Argel. Domènec apartaba el columpio de la encina y declaraba:

—Tiene una marinera.

Era mozuelo refinado, de facciones regulares. Se ponía ropas chillonas, como si estuviera en la corte de Versalles, pelucas que le conferían apariencia de niña fea. Doña Ana tocaba el clave y Domènec bailaba de una pieza, como muñeco de cartón. Doña Catalina remedaba sus alcocarras, poniendo los labios en O.

Una tarde, a la hora de la siesta, doña María y doña Catalina se pasearon ante las narices del jovenzuelo, enteramente desnudas. El doncel apenas alzó la cabeza para apuntar:

—Magnífico palmito.

Y ellas:

—Ji, ji, ji... —se fueron corriendo.

En otra ocasión le convencieron de que les enseñara el culo en el desván. Se hizo el remolón, pero al fin:

—Bueno, sólo el culo.

Se volvió, se bajó las calzas y se agachó ligeramente. En eso entró mosén Dasi y le propinó un patadón tremebundo.

—¡Pero qué hace ese marica!

Días más tarde, mientras pescaban con volantín cerca de la playa, se levantó el siroco y el mar se rizó en un periquete. Cargó el viento y arreció el oleaje. Bogando intrépidamente consiguieron arrimar la barca a un farallón y ponerse a salvo. Pero doña Catalina fue robada por un violento golpe de mar. Pronto desapareció de su vista, saliendo a flote, braceando a cada nuevo embate.

Resistió lo indecible, agarrada a una tabla. Al anochecer fue avistada por la gente de Diodor, a mucha distancia de Agua Fría. El muchachón se sumergió sin dudarlo. Moza les vio zozobrar entre montañas de agua, sin que nadie se arriscara a socorrerles.

Con todo consiguieron llegar exangües a una cueva, donde Diodor prendió fuego con unas cañas y pudieron reanimarse. Secaron sus ropas, bebieron agua de lluvia y se encaminaron a poblado.

Así nació un idilio perdurable. En tanto el mancebo se alojó en Agua Fría se solazaba con los jóvenes. Al atardecer se sentaba con Catalina en un banco del jardín y se miraban muy fijamente a los ojos.

—Te amo —susurraban.

La encina les atendía rumorosa.

—Ganaré una fortuna en el mar —aseguraba Diodor—. Nos casaremos. Vendrás conmigo a puertos lejanos, o me esperarás en una casa de ébano.

—Cada tarde saldré al balcón —replicaba Catalina— a otear el paso de la luna sobre el mar, como un camino que me acerque a ti.

Entornaban los ojos, cargados de maravillas, y se besaban dulcemente.

Todo era ideal. Algunas noches saltaban por la ventana y bajaban a la playa. Se bañaban desnudos, se abrazaban y se amaban. ¿Qué otra cosa cabía hacer? Emilia les protegía con el calor de su sonrisa.

Pero una vez el marqués de Osorio, que había venido a vigilar el sueño de su hija, les siguió en su fuga. Como eran ágiles y conocían los vericuetos del pinar le tomaron la delantera.

Cuando alcanzó la orilla el mal ya estaba hecho. Pensó traspasar a los dos con la espada. Le oyeron jurar y la muchacha nadó hasta la roca y se vistió. Diodor le esperó de pie. En vano gritó:

—Amo a su hija.

El noble hincó la garrancha con ardor, y allí le habría suprimido si Emilia no hubiese encajado la estocada. El hidalgo se cubrió el rostro con las manos, como espantado de su propia locura, y Diodor escapó junto a Catalina.

Emilia limpió la hoja y la devolvió a su dueño. Se dio la vuelta y, antes de que se esfumara, el marqués pudo guipar la espalda ensangrentada: la había atravesado.

Al día siguiente doña Catalina fue enviada a Canterbury, cerca de Londres, a una casa de Butchery Lane, desde donde se distinguía la torre imponente de la catedral. Allí debía permanecer, al cuidado de una familia notable, hasta que todo el asunto quedara olvidado.

8. Donde se narra el viaje de Diodor a Rusia, con gran número de aventuras.

El capitán Martí Dasi había actuado últimamente en el monte Santa Águeda, en misión especial. El gobernador Kane seguía porfiando en dar bienestar a la isla, y pretendía transformar la primitiva calzada en vía conveniente. Gran número de peregrinos acudían a la ermita, para venerar a la santa o ejecutar alguna ofrenda. Haciendo el camino transitable tal vez captaría simpatías de la hostil Iglesia católica.

Mosén Dasi estaba al mando, junto con un ingeniero militar inglés. Reconocieron los abruptos accesos a la fortaleza arruinada, de la que subsistían grandes cisternas, una de las cuales mandó Dasi llenar de vino, para las francachelas nocturnas de la tropa. Acotaron croquis, viéndose forzados a recortar el proyecto inicial, por escasez de medios. Una vez terminada, la arteria quedó en senda tortuosa, por donde apenas pasaría una carreta, el día que los insulares se decidieran a fabricarlas para desechar borricos y alforjas.

Ingeniero y caballero compartían la tienda principal, uno ocupado en sus cálculos, el otro en sus flirteos. A menudo el inglés hubo de salir al relente de la noche, o buscar la sombra de un matorral a la hora de la siesta, mientras el español hacía honor a su apodo fogoso.

El oficial británico sudaba bajo el tricornio, las botas clavándosele en el zancajo. Mordía una hoja de laurel. Si veía una lagartija la partía con la espada y se quedaba mirando la mitad azogada.

Entraba en la ermita y contemplaba los exvotos, pechos de cera, madera o plata, pues la santa era abogada de esa región del cuerpo femenino. Sonreía imaginando lo que colgarían si fuera intercesora de las partes masculinas, porque la gazmoñería de los isleños no iba a arredrarse ante el despropósito de configurar verídicos carajos.

Poco antes de rematar la obra apareció en la tienda una inglesita casquivana, de ojos chispeantes y pelo trigueño, que le convidó a tener parte en los goces del capitán. Por cierto que la vistieron de santa Águeda, y al solemnizar la apertura del nuevo camino se produjo el milagro. La imagen se animó, para pasmo de los fieles, y empezó a recoger exvotos con la mejor de sus sonrisas. Hubo de todo, desmayos, postraciones, y una vez puesta en claro la inocentada el gobernador les castigó con dos meses de arresto domiciliario. Las relaciones con el clero eran muy tirantes para andarse con chirigotas.

Ya en Agua Fría mosén Dasi se puso al corriente de la hazaña amorosa de Diodor, y la consiguiente partida de doña Catalina.

—Habrá que ir a Canterbury —comentó.

—No contéis conmigo —dijo doña Ana.

Entretanto Diodor continuaba mercadeando en su jabeque. Despachaban en la isla lo que traían de afuera. O acostaban en el Levante español para traficar con artículos de la otra parte del Mediterráneo. En busca de nuevas plazas mercantiles exploraron el litoral norteafricano, desde Bugía a Túnez, con escalas en Skikda, Annaba y Bizerta.

Estuvieron cuatro días fondeados en La Goleta, antepuerto de Túnez. Luego recorrieron la ciudad, antigua Cartago, cautivados por el fascinante barrio musulmán. Moza se puso chilaba blanca y ocultó su rostro tras un velo. Apostada bajo un arco, junto a las murallas medievales, aprendió el arte de encantar serpientes y otras alimañas.

De allí viajaron a la isla de Malta, también en poder de los británicos. Confiaron el jabeque al arsenal, para unas reparaciones. Se atiborraron de pescado y marisco, en las tabernas del muelle, para intentar más tarde aportar en Grecia. Pero a la altura de Creta, cuando salían de indolente calma chicha que les había tenido tres días inmovilizados, avistaron un airoso galeón de guerra turco.

Se armaron de palos, garfios, cuchillos o lo que hubiere a mano. Tenían dos arcabuces y un viejo trabuco, más un barrilito de pólvora que Diodor había embarcado en el puerto de La Valetta, camuflado con marbete de excelente vino de Oporto. Moza se fajó las tetas, a fin de no revelar su índole femenina. Se puso un parche en un ojo y empuñó sable afilado, dispuesta a cercenar la garganta de cualquier mastuerzo que osara acercársele.

Pero el galeón se aproximó mansamente, sin señal de abordaje. Una comisión, mandada por el lugarteniente del capitán, se trasladó al jabeque. Pidió a Diodor el salvoconducto, expresándose en correcto inglés. El mancebo, que había oído hablar de cierto pergamino, a modo de pasaporte, que podía comprarse con oro o en especie, para comerciar sin ser hostigado por los piratas turcos, alegó haberlo perdido en la galerna. A lo que el tragahombres estalló en sonora risotada y le conminó a entregarse con la tripulación, la nave y cuanto transportaba.

—Tendréis que pasar sobre nuestros cadáveres —anunció Diodor.

—Sea —rugió el turco, encañonándole con su pistolón.

Pero ya Moza estaba apercibida a intervenir, semioculta tras el palo mayor, y lanzó su machete con tal certería que atravesó el cuello del malhechor. El infeliz soltó un gemido, apagado por el colmillo de acero y por el doble orificio de la herida; se tambaleó, dejando caer el pistolón, y acabó derrumbándose aparatosamente, pues era alto como una montaña.

Por entonces uno de la escolta había acorralado a Moza. Le descargó un golpe de cimitarra que por fortuna sólo rozó la tela de su camisa. Pero cortó la faja y los pechos, comprimidos, saltaron como impelidos por un resorte. El pirata quedó anonadado ante las mamas turgentes de la mujer, momento que aprovechó Moza para decapitarle con el hacha que había caído a su lado. El descabezado topó con la borda y cayó al mar, la cholla arrojada al otro barco por uno de los marineros, en pago de amenazas.

Mas los turcos ya se habían lanzado al abordaje y los de Diodor llevaban las de perder. Los cañones escupieron su candente metralla y dañaron seriamente al jabeque, agujereándolo acá y allá y derribando el mástil de mesana. Tres hombres de Diodor cayeron bajo el fuego enemigo. Uno fue destripado por el propio capitán pirata: le rajó el vientre de un tirón con su cimitarra y le desarraigó brutalmente las vísceras a puñados. Los demás recularon, ante tan macabro espectáculo. Fueron presos y maniatados.

Rodearon a Diodor y ya no pudo continuar debatiendo. Atraparon a Moza, excelente carne de prostíbulo. Remolcaron el jabeque, los prisioneros encerrados en la bodega, a excepción de la chica, que fue requerida en el camarote del capitán. Le facilitaron un tonel para bañarse. Trenzaron su cabello y le proporcionaron tules y gasas. Vestida como beldad de harén hubo de mostrarse complaciente con el turco, si en algo estimaba su vida.

Pusieron rumbo a Esmirna, sorteando las islas del Dodecaneso y cruzando el paso de Kyos.

En la bodega no veían la luz del día, de modo que perdieron la cuenta del tiempo. Los marineros dejaron de reprocharse su cobardía, atacados de fiebre a causa de sus heridas. Se pasaban las horas delirando lastimeramente. Cuando al fin el capitán corsario visitó a Diodor, con Moza engalanada y fragante, sujeta del cuello con una cadenita de oro, el muchacho le expuso en inglés que si no curaba a aquellos desgraciados, alimentándoles con algo más sustancioso que el burdo guisote que les daban, sucumbirían y no valdrían para cobrar rescate.

Para despertar su interés le aseguró que en Menorca había cierto capitán Dasi, aristócrata y en buenas relaciones con los ingleses, que pagaría por sus vidas.

Ya solo en la inmunda gayola Diodor pasó muchos días restregando sus ataduras contra una cuaderna. Habían penetrado en el golfo de Esmirna y faltaba poco para el desembarco cuando logró destrabar las manos. Desató los pies. Se desentumeció, tambaleante no tanto por el cabeceo del jabeque que cuanto por las semanas de inmovilidad.

Buscó a tientas el falso barrilito de Oporto, que felizmente no habían catado los corsarios. Lo colocó en punto vulnerable junto al casco y le encajó una mecha, que encendió con pedernal.

Acto seguido levantó sigilosamente la trampilla de cubierta. El azar había hecho que se liberara de noche y podría escapar sin ser visto, pues la mayoría de la gente dormía plácidamente.

Estaba a punto de zambullirse desde la borda cuando se acordó de Moza y de sus dos marineros enfermos. Circuyó la popa, deslizándose como un jabato, tapó con una mano la boca del timonel, asiéndole por detrás, y le hundió un cuchillo hasta la empuñadura. Dejó que la nave bandeara a babor y estribor, mientras saltaba por la maroma al galeón. Aprovecharía el desconcierto de los tumbos que le comunicaba el jabeque, y del fogonazo de la explosión, para rescatar a sus amigos.

Pero cuando se hallaba a medio camino entre ambas embarcaciones la mecha llegó a su término y se produjo un fuerte estallido, acompañado de maderos trizados, hombres arrollados y mercancías disparadas en acerbo torbellino. La cuerda se tensó hasta romperse y Diodor cayó al mar. Brutalmente golpeado por la quilla, quedó un momento inconsciente. Cuando salió a flote aún pudo ver hundirse el jabeque, mientras el galeón turco se alejaba entre alaridos y desbarajuste.

Resistió hasta el amanecer, cuando ya no quedaba ni rastro de naves en el mar. Pudo echarse sobre dos tablones, resto del naufragio, y a los tres días, extenuado por la luz abrasadora del sol, el frío intenso de la noche, el hambre y la sed arribó a la isla de Lesbos.

Allí habría sucumbido, en una playa desierta, de no haber encontrado un frasco de colonia que se dispuso a beber de una asentada. Pero una vez destapado surgió una nube blanca, que se expandió en exhalación. Tomó forma de una mujer pálida, con verdugón de ahorcada en el cuello y heridas de estoque en pecho y espalda. Era Emilia.

—Estoy contenta de tu valor —dijo.

—Agua —bisbisó Diodor.

—Eres ambicioso, fuerte, audaz.

—Agua...

Emilia desabrochó el jubón y extrajo un pecho perlino que Diodor succionó con avidez. Aún conservaba leche tibia, dulzona, de la maternidad truncada por la horca. Después de tanto tiempo aún podía sentirse dichosa, con el hijo en brazos.

Vivificado por tan sublime alimento el joven pudo buscar cobijo en Mitilini, donde se empleó de estibador hasta que un pailebote maonés, con rumbo a Rusia, abocó en el puerto. Se enroló en el velero, tras preguntar por el capitán Dasi, por su familia y por la marquesita de Osorio. Supo que su amada había pasado todo un año en Canterbury y que no tenía apariencia de volver.

El mercante maonés realizó un arriesgado periplo. Atravesaron el estrecho de Dardanelos, donde aún parecían fluctuar las naves de Jerjes I y Alejandro el Grande. Cruzaron el mar de Mármara y rindieron el bordo en Estambul. Afortunadamente poseían el preciado salvoconducto de los turcos.

Allí, en la Bizancio o Constantinopla de pasado prodigioso, anclada en las márgenes del Cuerno de Oro, cambiaron algunas de sus mercadurías por algodón, tabaco y arroz. Permanecieron una semana abarloados en el muelle.

Diodor se aventuró a disfrazarse de turco para visitar la mezquita Azul y Santa Sofía. Valió la pena por el fabuloso hechizo de los templos, aunque uno de los fieles que oraban acuclillados le miró malamente y pensó que le había descubierto. Huyó a todo correr. Perdió una sandalia junto al minarete y cuando fue a recogerla el desconocido le puso un puñal en el gañote. Y allí le habría degollado, pues no tenía bolsa que darle, de no ponerle fuera de combate con oportuno rodillazo en los genitales.

Pasaron luego el Bósforo, desembocando en el mar Negro. Costearon Bulgaria y Rumanía, traficando en remolacha azucarera, soja, girasol y plantas aromáticas en Burgas y Varna, así como en madera en Constanza. Finalmente tomaron puerto en una aldea rusa, cerca de donde pronto iba a fundarse Odesa. Allí descargaron miel, cera, lana y vino, además de marfil comprado en el norte de África, y cargaron trigo de Ucrania.

De este modo, y en lo que les tomó el regreso, transcurrió otro año. Diodor adquirió provechosos conocimientos mercantiles, y ahorró avaramente para poder comprar otro barco, recabando ayuda de mosén Dasi, y redimir a sus amigos.

El retorno fue por Estambul y el mar Egeo. Atracaron en El Pireo. Recorrieron la insigne ciudad de Atenas, repleta de testimonios de la antigüedad. En la Acrópolis, frente al Partenón, Diodor soñó a Catalina vestida con túnica blanca, henchida de regueros dorados, a causa de lágrimas de amor. La vio caminando sobre el mar, corriendo a abrazarle, como en los días felices de Agua Fría.

Navegaron por el mar Jónico hacia Italia. El muchacho seguía divagando. Ahora era un gran mercadante, que ganaba fortuna superior a la de los marqueses de Osorio y matrimoniaba con su hija. Construían una mansión versallesca y eran venturosos.

Hicieron escala en Catanzaro, al sur de Italia, en Catania, al pie del Etna, ya en Sicilia, donde mercaron azufre; compraron aceite de oliva en Mesina y se hartaron de naranjas en los vergeles que rodean a Palermo.

Diodor seguía soñando. Tendrían un par de hijos rubios, envueltos en sedas como hojaldres. Cuando crecieran estudiarían en Inglaterra y les cubrirían de gloria. El marqués de Osorio les visitaría arrepentido, recordando la triste madrugada que quiso asesinarles.

De Palermo pasaron a Cagliari, en la costa sur de Cerdeña, y de allí a casa. Cuando entraban en el puerto de Maó la guardia de San Felipe les saludó brazo en alto.

9. De cómo el marqués de Osorio visitó a su hija en Inglaterra y de lo que sucedió allí.

Diodor deseaba irse a Inglaterra. Olvidar el pueblo, Moza y sus compañeros, en busca del amor. Recorrió a pie Kane's road, de Maó a Ciutadella, 25 millas, poco más o menos, no queriendo gastar dinero en alquilar una mula. Soñaba los ojos de mirar intenso, los labios sensuales, el cabello sérico de doña Catalina. Tenerla en brazos, como en la playa de Agua Fría, sentir temblotear sus carnes con saborcillo a salitre.

Ansiaba enrolarse en un navío de los que salían al océano, hacerse soldado de Su Majestad, lo que fuere, con tal de arribar a la costa de Dover, cuyo acantilado es blanco como el velo de una novia, alto, inexpugnable. Tomar el camino de Canterbury, preguntar en Butchery Lane por la casa del doctor Quayle, que albergaba a doña Catalina. Lo tenía todo previsto. Incluso había trazado la ruta más conveniente en un mapa de Gran Bretaña.

Imaginó muchas veces la llegada, cubierto de barro, exinanido. Llamar de puerta en puerta, bajo aguanieve, como un mendigo. Y abrazarla al fin, vestida de blanco, inmaculada. Acariciar muslitos de manteca, todavía dorados por el lejano sol de los días felices.

—Uf, necesitas un baño...

Y reiría, ji, ji, dientecitos blancos, perfectamente alineados.

Diodor sacudía la cabeza, como un perro al secarse. Llovía a raudales. Debía buscar cobijo en una covacha, donde seguir arropándose con el suave candor de la quimera. Se sentó debajo de un pino. Un relámpago hendió el tronco, dejándolo carbonizado. El muchacho no se movió. Sólo aguzaba la vista, atento a una presa propiciada por el rayo, con que paliar el hambre.

Una vez alcanzada Ciutadella, el capitán Dasi le dio amparo. Pudo instalarse en su vieja casucha del puerto. Volvió al oficio de pescador. No marcharía a Inglaterra, dejando en la estacada a sus amigos. De día zurcía redes. De noche pescaba. Cuando conseguía dormir soñaba naves de oro en que viajar a Turquía, pagar el rescate y continuar luego hasta Rusia. Remontar el Don, adquirir caballos alados con que pasar al Volga y después al Neva, hasta San Petersburgo. Desde allí podrían navegar a Londres, liberar a doña Catalina y perderse en el litoral de América, en un mundo nuevo.

Transcurrieron varios meses. El capitán le traía nuevas de la marquesita de Osorio.

—Tienes que dejar que se case con algún potentado —decía—, y luego le pones los cuernos.

Diodor escrutaba los ojillos vivarachos, la mandíbula cuadrada, las insignias de coronel que habían encandilado a tantas mujeres. Le hubiera preguntado:

—¿Vos nunca os enamorasteis?

Pero se habría descoyuntado de risa.

Le persuadía para acompañarle al burdel de la calle San Juan, donde esclavas moras se zarandeaban desnudas sobre el entablado. Diodor se ajumaba. Salía al patio, teniéndose con las paredes. Allí estaba Dasi, totalmente mamado. Se metía el dedo en la boca y volvía a entrar, tan campante.

El muchacho se alejaba. La ronda le daba el alto. No le dejaban cruzar la muralla y dormía el vino dentro de un tonel, o en las caballerizas del palacio Dasi.

En primavera se recibió misiva de Turquía. Pedían gran dinerada, pero mosén Dasi soltó la mosca.

—Habrá que trampearlo a los ingleses —dijo.

La aristocracia estaba reñida con los extranjeros. Habían usurpado el poder. Maó era ahora la capital y en Ciutadella se abandonaban las obras del camino cubierto, las murallas se tambaleaban de puro viejas, todo estaba paralizado. Los pordioseros se dedicaban a comerciar, lo que era denigrante. Se pretendía instruir al pueblo, a las mujeres; llenar los conventos de pobres y varonas que aprendiesen a leer. Esquilmar los ingresos de la nobleza, suprimir su influencia. Si volvieran los españoles otro gallo cantara. Pero Dasi era un tipo de mucho cuidado y sacaba tajada de ambos lados.

Diodor embarcó en el pailebote maonés que le había traído de Rusia. Partieron el 10 de mayo, con buen viento. La travesía fue bastante plácida y antes del verano aportaban en Estambul.

Entretanto el marqués de Osorio había visitado a su hija en Inglaterra. Mosén Dasi fue con él, deseoso de conocer el país de sus valedores. Doña Ana, conociéndole, pensó que si le acompañaba el doncel don Domènec tal vez sirviera de freno a sus triquiñuelas amorosas. Ella quedó con su hija en Agua Fría.

En dos años, doña Catalina había tenido tiempo de olvidar a Diodor. Conservaba vago recuerdo de los días felices en que perdió la castidad, cuando al primer escozor siguió la destreza en el arte de amar. A veces evocaba la figura atlética del mozo, los ojos grandes, la frente despejada, y le palpitaba levemente el corazón.

Pero había en Canterbury, y sobre todo en Londres, demasiados motivos de diversión para sentir nostalgia. Diodor había prometido enriquecerse, pero era probable que aún navegara en cascarón de nuez, negociando con gentes de baja estofa y pocos escrúpulos. Pobre imagen para un príncipe azul.

En Canterbury se encontraba a maravilla. La alojaba la familia de un ilustre cirujano, estimado en la corte. Su consulta de Cockspur, en Londres, estaba siempre abarrotada de un mundo de la mejor calaña social.

Por tal motivo sólo le veían los domingos y días de fiesta, en que el prestigioso quirurgo huía materialmente de la ciudad, para no ser molestado por sus distinguidos pacientes, la mayoría enfermos imaginarios. En ocasiones, sin embargo, no conseguía evitarlos y había de quedarse. Entonces mandaba llamar a los suyos, que generalmente se detenían en Londres más de una semana. Continuamente había obligaciones de cortesía y elegancia, recepciones reales, representaciones de ópera o carreras de caballos. O los caminos se hallaban fatalmente intransitables, a causa de barro y tempestades.

El doctor Quayle era, indudablemente, hombre muy hábil. Curaba mitad con remedios caseros, mitad con buenas palabras. Trataba al enfermo con camaradería. De él se decía que era capaz de sanar el ardor de estómago del mismísimo diablo. Era, además, hombre ilustrado, escéptico en materia religiosa, dotado de imaginación y de siete hermosas hijas solteras.

Cuando disponía de tarde franca le gustaba sentarse en el salón, junto a la chimenea, para discurrir fantasías. Las muchachas atendían embelesadas, pese a que ya todas habían superado la infancia.

Doña Catalina solía sentarse en sus rodillas y le rodeaba el cuello con los brazos, como si efectivamente fuera su papá. Quayle tomaba un pedazo de azúcar candi, entorchado como columna salomónica, y lo transformaba en hombrecillo, animal o estrella, según le dictara la inspiración. La cigarrera era palacio fastuoso, ricamente ornamentado. El cenicero lago de plata, poblado de ninfas vaporosas que por las noches se tornaban selvas acuáticas.

—¿De dónde saca tanta novelería? —preguntaba doña Catalina.

—Casi toda de ahí —replicaba Quayle.

Y le mostró un ejemplar de *Las mil y una noches,* publicado en francés por Antoine Galland en 1717 y posteriormente vertido al inglés.

Doña Catalina lo leyó con cuidado. Porque Quayle daba a sus hijas educación esmerada, como si fueran varones, que hizo extensiva a la marquesita de Osorio.

Permitía que su prole femenil menudeara bochinches de soldados, y les daba consejos médicos para acallar su magnánima conciencia. Naturalmente los bienpensantes murmuraban de tan parca moralidad como padre, pero le salvaba su prestigio social.

Así fue como doña Catalina conoció a un apuesto capitán de dragones, que la cortejaba en el jardín, o entraba a la tarbea, a escuchar la cháchara imaginativa del doctor, mientras aventuraba una mano en el escote de la damisela. Y no siempre se contentaba con la españolita, que las hijas de Quayle estaban de muy buen ver.

Cuando el marqués llegó a Londres se dirigió a la consulta, seguido por Dasi y su hijo. Tras los abrazos de rigor Quayle informó fríamente que doña Catalina estaba en la cantina de Canterbury, en una fiesta de la cerveza o algo parejo. Los menorquines, un poco confundidos por la pronunciación cerrada del galeno, se pusieron inmediatamente en camino. Ya anochecido, llegaron a *Red Lion Inn*, donde el jolgorio seguía en plenitud.

Los cantos se mezclaban con chillidos femíneos, riñas y choque de jarras. Había gran número de oficiales en mangas de camisa y señoritas con la ropa mojada. Tendida sobre una mesa de roble doña Catalina hipaba, borracha. Estaba semidesnuda.

El marqués se puso rojo de ira, pero tuvo una reacción inesperada. Tomó a Domènec del brazo y le dijo:

—A grandes males, grandes remedios. Tú te casas con mi hija.

—¿Yo?

—Sí, tú.

—Doña Catalina no tiene desperdicio —sugirió Dasi.

Domènec contempló un momento a su futura esposa, arropada por un capitán de dragones. Puaf, al muchacho no le gustaba la cerveza.

El marqués llevó a su hija en brazos al carruaje. Compuso

su escote y lanzó ojeada furibunda al capitán de dragones, que había salido a despedirles.

—Si fueras hombre —dijo a Domènec—, ahora mismo le provocabas a duelo.

Al día siguiente mosén Dasi visitó con el doncel las tiendas más elegantes de Londres. Compraron calzas de velludillo, camisas de seda, sombreros, pomposas pelucas, zapatos bordados, sable con empuñadura ornamentada, cosméticos.

—Muéstrate galano, si no valiente.

Durante la comida doña Catalina permaneció cabizbaja. Su padre le había hablado del casorio, y aquel lechuguino delicado, que habría hecho las delicias de cualquier otra heredera, no parecía entusiasmarle. Había catado la pasión vehemente de Diodor, la apostura casi chulesca del capitán de dragones, y encontraba insulso al pacífico doncel.

Tras los postres los jóvenes pasearon por el jardín, bajo la mirada atenta de los mayores. Las hijas de Quayle se daban codazos y hacían mohínes. Guiñaban los ojos, encandiladas por la magnífica tarde de sol, poco frecuente en Inglaterra.

—No te hagas ilusiones —dijo doña Catalina, cuando estuvieron un poco lejos—: nunca te querré.

—Pero te casarás conmigo.

Domènec arrancó una flor silvestre y la puso en el pelo de la damisela.

—¿Amas a ese capitán?

Silencio.

—¿Sigues deseando a Diodor?

Silencio.

Avanzaron unos pasos. Detrás de los macizos de boj:

—En realidad soy una furcia.

—Ahora no me quieres —manifestó el doncel—, pero acabarás adorándome.

Durante un mes recorrieron Londres. Acudieron a galas de alcurnia, fueron foco de atención en reuniones y desfiles. Doña Catalina era muy bella, su inglés, perfecto. Tocaba el clavicordio con singular maestría, recitaba a Shakespeare. Domènec, por su parte, tomaba el té sin descomponer un punto su figura primorosa. Parecía de cera. Y en los bailes demostraba tal gracia y ligereza que sus pies no tocaban el suelo.

Catalina danzó vestida de flores, en una evocación de la primavera. Los brazos envueltos en hiedra, los cabellos floridos de pétalos, los pechos y el pubis forrados de hojas de parra, los ojos, la naricita, inundados de raicillas fibrosas, de tallitos verdes. Actuó en un teatrillo improvisado en noble mansión y tuvo gran éxito. Domènec la abrazó entre bambalinas. Se pinchó con espinas de rosal y se hizo sangre.

Ya no recibía al capitán de dragones. Rechazaba su tarjeta. El marqués, mosén Dasi y los dos muchachos viajaron a Strattford. Remaron en el río Avon, un violinista sentado en la proa y dos cortesanas pechugonas a bordo. Los jovenzuelos se miraban a los ojos y realmente parecía que se habían aquerenciado, los padres aparatosamente abrazados a las rameras.

Dos días antes de la despedida Dasi percibió suspiros en el jardín. Se ocultó tras una columna de mármol, y allí estaba la damisela, sentada en un banco, con la falda arremangada, besando acaloradamente al inglés.

Mosén Dasi expulsó al oficial, la melena descompuesta, lo mismo que la ropa, y agarró a la marquesita de la oreja para pegarle cuatro sopapos y llevarla a su cuarto.

—Si mi hijo no te pone en cintura, lo haré yo.

10. Donde se cuenta el casamiento de doña Catalina, con el viaje de Diodor para rescatar a Moza y con el regreso.

El doncel don Domènec y doña Catalina de Osorio se casaron en Ciutadella, una sombría mañana de otoño. Fue una boda poco ostentosa, como exigían los tiempos. Se celebró al amanecer, en la iglesia mayor. Ofició el mismo capellán que uniera a mosén Dasi con doña Ana.

Los años le habían encanecido y aferrado a la realidad, ahorrándole fantasías inoportunas que pudieran valerle una coz del señor. Su colega de la casa Eleazar había palmado a causa de un hartazgo. El de la familia Osorio era un cura con cara de niño que le atendía respetuoso.

—Todavía me acuerdo de los desposorios —decía el clérigo entrado en años—. Después del ágape se fueron a Agua Fría, y el viento les transportaba en sus flecos, dorados por el sol de la tarde.

Lo cierto es que viajaron a caballo.

Doña Catalina bailó con casi todos los convidados. El vestido blanco se acampanaba, como clavellina de volantes, el pecho apretado bajo el encaje. Los ojos relucían como los labios, mojados en vino dulce.

También ellos se mudaron a Agua Fría. Hubieron de calentar con buen fuego la cámara nupcial. La masovera preparó una cuba de agua humeante. Pero doña Catalina no se bañó. Se limitó a empujar a Domènec, que había aparecido con ridículo camisón, y el doncel se fue de cabeza al caldo jabonoso.

La recién maridada se rió y se estremeció la estancia. Entró un nieto de la masovera, muy parecido a mosén Dasi. Domènec chapoteaba en la tina. Catalina se desnudó de pies a cabeza.

—Es pecado —dijo el doncel.

—Ja, ja...

Doña Catalina había olvidado al capitán de dragones.

Diodor, entretanto, ya había arribado a Estambul. Preguntó por tres rehenes, dos hombres y una mujer. La hembra hermosa, oronda de pechos. Nadie le daba razón. Al fin le hicieron ver que había llegado tarde: los vendieron a un tratante de esclavos ruso, y embarcaron con destino a Novorosiisk, en la costa oriental del mar Negro.

—Te dejaremos lo más cerca posible —dijeron los maoneses.

Pusieron rumbo a la península de Crimea. El tiempo era calmo. El barco apenas cabeceaba. Diodor se tumbaba al sol y se adormecía.

En sueños Moza se le mostraba descalza, vestida sólo de cabello dorado, más allá de la cintura. Esgrimía amplia sonrisa, una paloma blanca asomada a sus labios. Pero sus ojos eran los de doña Catalina. Un alambre se le enroscaba en el cuello, asfixiándola. Se desmayaba. Su pelo era un charco de oro, su cuerpo un pellejo con dos ojales para mirar.

El mancebo despertaba, sobresaltado. ¿Cuándo encontraría a Moza y a sus hombres? ¿Cuándo podría volver?

Un día divisaron la costa, rematada de montañas, como gigantes hechos de bruma. Embocaron un magnífico puerto natural, donde algunos años más tarde se fundaría Sebastopol.

Diodor saltó a tierra con el saco de marinero. Encontró aldeanos que tomaban soleta al arrimárseles. Niños desnudos le miraban hoscos. Mujeres envueltas en pañolones, despreciando el ardor del sol, acudían a los pozos.

Se sentó a la sombra de un brocal. En torno todo era silencio. Al cabo de un rato, rumor de pasos. Una muchacha deslizó la cuerda. El cubo chascó en el agua. Gimió la polea. Diodor se levantó.

—Tengo sed —dijo.

La chica hizo ademán de escapar, pero la sujetó por las muñecas.

—Dame de beber.

Descubrió su rostro. Era muy bella. Creyó haberla soñado alguna vez. Tenía óvalo alargado, tez suave, ojos fusiformes. Sonrió dulcemente cuando le acarició el mentón. Si la medialuna tuviera cara, pensó, sería como ésta.

—Medialuna —bisbisó.

La zagala contestó algo ininteligible. Diodor gesticuló y ella sacó un cazo. El agua estaba fresquísima.

Garló en latín con el abuelo de la muchacha. Habían visto el barco ruso. Se dirigía a Rostov, en el delta del Don. Le darían un mulo y podría ir por tierra, bordeando el mar de Azov.

Comió cabrito asado y bebió vino verde en un cuenco. Por la noche, cuando fue a meterse en su camastro, encontró a la mozuela acostada.

Sonrió y él rió a su vez. Verdaderamente era bonita como la luna. Posó la cabeza sobre su pecho y se durmió con la cadencia de su respiración.

Pasó el día siguiente cabalgando. Tenía carne salada, pan y queso en el zurrón. Bebió en un arroyo. Pernoctó al raso, junto a una fogata. Cuando se metió en el embozo volvió a topar con la rapaza, enteramente desnuda. Le había seguido todo el día.

Durante una semana subieron al norte, la chica a la mujeriega en la grupa. Atravesaron colinas esteparias, plantadas de trigo y frutales. Cuando alcanzaron el istmo buscaron cobijo en una aldea. Se acomodaron en la cuadra, después de manducar y abrevarse pingüemente. Diodor durmió abrazado a la mocita, sobre el duro suelo. Despertó con el sol en alto, empapado en sudor. El clima era caluroso. Se frotó los ojos y halló las manos llenas de sangre. La muchacha linda como medialuna yacía acuchillada a su lado. Un su pretendiente les perseguía y había tomado represalia.

Diodor reanudó viaje apesadumbrado. Recorrió eriales, tierras negras sembradas de maíz o remolacha, intentando acertar alguna de las lenguas que oía. Hasta que abastó una ciudad provista de escuelas, herreros y aperadores, que obraban para campesinos y mineros. Habló a unos cuantos transeúntes, que le miraron con estupor y a lo sumo dijeron:

—Kharkov.

Encontró una hostería y se hizo servir tres platos de potaje y dos jarras de licor. Pronto todo le pareció menos fosco, como si conociera aquella estancia desmantelada, aquella habla extraña de toda la vida. Se levantó para orinar y vio que estaba borracho. Pidió otro pichel, depositando el dinero sobre la mesa.

Un hombre alto y elástico empezó a saltar como cosaco. Reía estrepitosamente. Luego se sentó a su lado, rodeándole con el brazo. Pablaba a borbotones.

—I don't understand a word.

—So you're English —dijo el otro.

Diodor le miró con espanto. Al fin alguien le comprendía. ¿O estaba tan beodo que alucinaba?

No, el bailarín melenudo era maestro de idiomas en una escuela de Jarkov, la ciudad ucraniana donde se encontraba. Había equivocado su camino. Tendría que desandar lo andado hasta el mar de Azov.

El profesor sacó una flauta.

—Verás —dijo en inglés.

Interpretó melodía sibilante, enroscada como serpiente, y apareció una bailarina pálida, bajo velo de satén. Tenía ojos vidriados, verdugón de ahorcada en el cuello y huellas de garranchazo en pecho y espalda. Diodor se quedó hecho una pieza.

—No importa que hayas equivocado el camino —dijo la muerta—: la caravana que buscas se dirigía a Moscú.

—¿Traían a mis amigos?

Emilia volvió a cubrirse con el manto. Diodor lo apartó de un tabanazo: debajo no había nada.

—¡Ja, ja! —rió el pedagogo ucraniano.

El mancebo le arrebató la flauta, pero por mucho que la tocó Emilia no volvió a manifestarse.

Dos días más tarde Diodor compró un alazán y se encaminó a Kursk. Tardó más de una semana en llegar. Durmió en una mina abandonada. Siguió siempre al norte, tras cambiar de caballo. Eran regiones ricas en carbón y hierro, con manufacturas importantes, donde le resultaba fácil hacerse entender. Había aprendido vocabulario básico y algunos giros idiomáticos. En Tula mercó un fusil, tornó a mudar de cabalgadura y subió a Moscú.

Entró en Moscú a finales de julio. Preguntó en lares, posadas, casas non sanctas, palacios. Nadie conocía a sus ñaños. Pasó todos los puentes sobre el Moskva, por si pordioseaban. Penetró en el Kremlin. Deambuló por bulevares y calles. Nadie había visto a sus compadres. Pensó que había hecho el viaje en balde, y el regreso se le antojó más largo y triste.

Se metió en los baños públicos, pagando en buenos rublos. Una ilota le guardó la ropa y le guió a la sala de vapor, donde se conchababan nobles y burgueses encuerados. Un comerciante de mediana edad, que dijo llamarse Kunztsk, le pegó un codazo y, sonriendo taimado, señaló el podio, a donde acababa de subir una sierva desnuda, de anchas caderas, con el cuerpo totalmente embadurnado en aceite. Un eslavo de enorme cipote la sodomizó entre espasmos violentos.

—¿Conoce usted a Moza? —preguntó Diodor maquinalmente.

—¿Moza?

Había oído ese nombre. Era un fabricante textil, emparentado con la familia Sherkov, que tenía una servidora de grandes pechos, adquirida recientemente.

Diodor sintió embravecer el corazón. Pidió las señas del palacio Sherkov. Cuando una mucama descarnada, de cabello negro y ojos asiáticos, se le brindó solícita, apenas la reparó.

La familia Sherkov se había trasladado a San Petersburgo, flamante capital erigida por el zar Pedro el Grande en las márgenes del Neva. El chico averiguó que, en efecto, poseían una hembra y dos súbditos latinos.

Viajó a Petersburgo en el coche de Kunztsk. Era un sujeto rijoso, calvo, de ojos azules, como velados por turbios pensamientos. De crueldad refinada, gustaba castigar personalmente a sus vasallos.

Rebasaron Tver, en el alto Volga, en la ruta de Novgorod y a las regiones del Báltico, donde Kunztsk había armado grandes telares.

Alcanzaron Petersburgo a mediados de agosto. Diodor se consideró allí más cerca de occidente. Kunztsk le condujo al palacio de Invierno, y fue presentado a los condes de Sherkov en los jardines, llenos de fuentes rumorosas. Conservaban los dos marinos maoneses, cuya libertad le ofrecieron al muchacho, en conociendo la vastedad de su periplo.

Se abrazaron, emocionados. Los condes les tenían estima, tanto que uno de los nautas manejaba el knut y se encargaba de la limpieza de las mujeres. El otro era adornista.

El que mandaba a las criadas le hizo una demostración de su arte. Esquiló a una trigueña de diecinueve años. Luego le largó la primera zurra, haciéndole besar el rebenque. Diodor le dijo que aquello no era de cristianos, y el apoderado abusó malamente de la pobre, antes de lavarla.

—Si yo fuera tu amo, te degradaba.

Resolvió dejar a ése en Rusia.

Buscó con el otro a Moza, que había sido transferida a un lenocinio, donde era muy solicitada por su venusted y exuberancia. La encubridora pidió alto precio por ella y lloró al despedirse, pues le había tomado afecto.

Embarcaron en un buque sueco el mes de setiembre. Navegaron por el estrecho del Sund hasta Göteborg, donde pasaron a una fragata británica que les acercó a Gibraltar, y de allí a Menorca, a donde llegaron en diciembre de 1729.

Diodor fue a cumplimentar al capitán Martí Dasi.

—¿Qué piensas hacer? —le preguntó.

—Comprar otro barco —afirmó el mancebo—, y casarme con Catalina.

—Hum, lo dudo.

—¿Por qué?

—Porque es la esposa de mi hijo.

A Diodor se le vino el mundo encima. Con tanto peso vaciló y a punto estuvo de desplomarse.

—¡Bah, no te preocupes! —el capitán se percató de su poco tacto—. Le pones cuernos y ya está.

Diodor se sentó en un banco del jardín. Un perro galgo se frotaba con sus piernas, meneando la cola, husmeándole, dándole lenguaradas en las botas.

Le pareció ver a doña Catalina danzando sobre los aguzados cipreses, saltando a los brazos de Domènec para dejarse perforar por su espada sin verter una gota de sangre.

Los consortes le miraban socarrones. Parecían decir: ¿Qué te habías creído, triste pelagatos?

—Se ha hecho tarde.

Era doña María, la hija del capitán.

En efecto, había oscurecido. Sobre las tapias altas del jardín, donde verdeaba la hiedra, se cernían sombras doloridas, como las que tenían apesadumbrado el corazón del muchacho. En un ángulo asomaba la luna, redonda como bandeja de plata.

—No pienses más en ella —dijo doña María.

Tenía los ojos pequeños, pero muy negros, llenos de mansedumbre. Le acarició el pelo delicadamente, y el mancebo volvió a la realidad. Se avergonzó de sentirse postrado por una damisela, después de haber bregado tanto en su corta edad. Se levantó, besó la mano de doña María y salió a la calle.

Sobre la faz de argento de la luna Emilia se contorsionaba, completamente desnuda. Sus pezones, duros como diamantes, rayaban el cristal gris-azulado del cielo.

Diodor voceó ante el palacio Eleazar, morada de doña Catalina y del doncel don Domènec. Cuando la dama bajó al callejón, envuelta en blusa negra y dorada, era ya anochecido. Sostenía un farolillo titilante.

—Ya no vuelvas —dijo—, soy mujer casada.

—Dime que le amas.

Doña Catalina tuvo un estremecimiento.

—¿A quién? —preguntó.

Le temblaban los labios.

—A Domènec.

Hizo ademán de retirarse y la cogió por el brazo.

—Dime que le amas.

—Suelta.

Desapareció tras la puerta, llevándose la luz. Diodor quedó cabizcaído.

Se fue calle abajo.

Siete pasos, ocho, nueve. Ahí quedaba la vida, la ilusión.

Alguien le tocó la espalda. Era doña Catalina.

—Necesito saberlo —insistió el mancebo.

Sonreía imperceptiblemente.

—Te amo a ti —dijo por fin.

Y escapó corriendo.

11. Que trata de Diodor en Maó, y de los escrúpulos del doncel don Domènec.

Diodor ya no quiso vivir en Ciutadella. Se fue a Maó, con Moza. De pronto se le metió en la cabeza el espíritu de la época. Se tornó insensible. Casi se avergonzó de su amor por doña Catalina. Su vida tuvo en adelante un solo objetivo: medrar.

Fue más osado y tenaz de lo que hubo menester para adentrarse en el gélido corazón de Rusia. Dejó de ser mancebo enamorado para convertirse en hombre endurecido.

Compró un sótano cerca del puerto y lo adecentó. Instaló barricas de vino, redomas de ginebra y aguardiente. Importó toneles de cerveza de Irlanda. Dispuso bancos y mesas de roble. En la trastienda construyó la cocina, con todo lo imprescindible. Y en un apartado puso la cama de acebuche, muy alta y dura. Allí dormían el vino todos los borrachines que llegaban a perder el sentido.

Cuando barrenaba una pipa colocaba un ramo verde sobre el dintel, como era costumbre para indicar que había bota fresca. Y a fe que la había a menudo, sobre todo si alguna escuadra hacía escala en el puerto. La casa adquirió pronto tal nombradía que no era preciso colgar rama para anunciar que tenía buena agua de cepas.

Soldados y marineros bebían hasta caer rendidos. Entonces Moza se agachaba a vaciarles los bolsillos, mostrando por el escote las tetas increíblemente lozanas. De modo que eran muchos los que ansiaban que un compañero se desplomase por el solo placer de guipar porción tan suculenta.

Acto seguido ponía a los caídos sobre el camastro, con ayuda de un oficialillo que tenía. A menudo amanecían allí, faltando a sus deberes de soldado, y se iban corridos y sin una pieza de a ocho en el bolsillo.

Pronto se vació un río de oro en la taberna, a donde también acudía la oficialidad y aun gente allegada al gobernador. Con esto, y con algunos favores que Moza hubo de dispensar, Diodor se granjeó la protección de los ingleses.

Servía asimismo a los estómagos sibaritas, aderezando gansos, patos o pavos, vientres de cerdo rellenos de almendras, olla o lo que fuere, con tal que se rascaran la faltriquera.

Moza se sentaba junto al fuego y cantaba para aquellos hombres alejados de su patria, sedientos de vino y de amor, que les estaban haciendo ricos.

I wish, I wish but it's all in vain
I wish I was a maid again.

En Ciutadella el tiempo había muerto de puro tedio. Las tardes eran siempre diáfanas. El sol fulguraba en tejados de casucas, marquesinas de palacios, cúpulas de iglesias y monteras de conventos.

Había pocos soldados. Lomienhiestos, con sus casacas encarnadas y blancos correajes. Escasos oficiales, de airoso tricornio y espada fácil. Comisionados de un imperio anchuroso.

Las botas del inglés resonaban en el empedrado de los callejos. Y los zapatos de algún noble que saludaba con reticencia.

El campesino arrastraba el borrico a la casa de su señor. Se descubría al pasar delante de la iglesia. Sus pies no hacían ruido, enfundados en pobres abarcas.

Los artesanos obraban el hierro o la madera, llenando las horas de rumor. Los tiracueros martillaban la suela de un remendadísimo escarpín. Los sastres cosían y tal vez cantaban. Los pescadores pregonaban su captura. Verduleros y comadres ofrecían sus frutos al malparado comerciante, sus artes secretas de amor.

Ciutadella no había despertado a la modernidad. Seguía

agazapada en la Edad Media, a merced de clérigos, aristócratas y soldados. Y así había de ser por mucho tiempo. Sonaban campanas en la iglesia mayor y en tres conventos. Y retiñían en los oídos de los menestrales, abrumados por la miseria. Los hidalgos mojaban sus labios en jícaras de chocolate humeante. Los britanos tomaban el té. La enésima copita de aguardiente. Los religiosos alzaban sus ojos al cielo azulado que bendecía estudio y oración. El trabajo en la huerta, las manos enharinadas del cocinero, la mente preclara del confesor. La novicia iba de salida con su hermana, el hereje extranjero pisándole los talones.

Hubo monjas que cayeron. Manos largas tiraron de los castos velos. Emergieron carnes sonrosadas, olorosos miembros viriles, cosquilleo deleitable. Regresaron a la impiedad del siglo o volvieron al redil.

Doblaban las campanas. Quimeras prohibidas rondaban la cabeza de los monjes. Tomaban una copita de licor, un dulce. Si poseían una perendenca lo mantenían en secreto. Espolvorizaban azúcar de lustre sobre sus negros pezones, aromosos a pan recién sacado del horno.

Ah, pecar era horrendo, pero delicioso.

El capitán Martí Dasi cruzaba el salón de su palacio. Calzaba botas con espuela. Llevaba pantalón ajustado, capote roso. Su espada casi rozaba el suelo, brillante de tan limpio.

Pintada en los cuadros de la estancia había una dama descolorida, con verdugón de ahorcada en torno al cuello. Vestía una ropa tenue, descotada, de color negro.

Doña Ana y doña Catalina tocaban el clave a cuatro manos. La melodía se mezclaba con el tañido de campanas. Emilia bajaba a bailar con el capitán. Una vuelta, dos. La lámpara tenía todas las velas encendidas, llorando lágrimas de cera y de cristal.

Doña Catalina se hallaba en avanzado estado de gestación. Doña Ana, muy delgada, siempre vestida de negro, la cara levemente surcada de arrugas. Los ojos grandes, rutilantes como perlas. Los pechos menudos y firmes, todavía adolescentes. El cabello sujeto por una cinta, prolongado hasta el suelo en cascada azabache.

Emilia y el capitán efectuaban otro giro, uno más. Dasi desenvainaba la tizona y la hundía en la herida supurante de su amadora. La hoja cimbreaba en la espalda, resplandeciente, sin una gota de sangre. La muerta palidecía aún más y se iba esfumando, como témpano de hielo que se funde en el agua. El capitán la besaba en los labios.

En abril de 1731 vino al mundo don Juan Dasi de Elm, hijo de doña Catalina y del doncel don Domènec. Fue un nene voluminoso, de ojos muy abiertos, que se parecía extrañamente a Diodor. El doncel se dio cuenta en seguida, y malició lo peor.

Bajó a la bodega con el capitán. Perforaron una cuba y se amorraron al caño del vino como a venero. Se sumergieron en la leche de los viejos. Luego padre e hijo bailaban, completamente tiznados. Cantaban no sé qué letrillas incoherentes, antes de caer en un profundo sueño.

Cuando despertaron Domènec subió al dormitorio a grandes trancos, deseando secretamente que el niño aún no hubiera nacido, que todo fuera pesadilla. Pero allí estaba el pequeño, en brazos de su madre. Dios, cómo semejaba a Diodor. El capitán le miró compungido y le golpeó blandamente la espalda. Era como decirle cornudo.

La palabra fatal resonó en sus oídos. Así que le había puesto el gorro. Le había hecho cabrón. Salió bufando como novillo. Mandó ensillar el caballo. Se emborrachó en la taberna con un grupo de soldados. Apostó una bolsa y la perdió. Gastó el resto en el burdel de la calle San Juan, tratando de beneficiarse una mora.

—Vayse meu corazón de mib —cantaba como cuclillo—, ya Rab, ¿si se me tornarád?

Viéndole perdido mosén Martí Dasi fue a buscarle. Le metió en una tina de agua helada. Mandó lavarle y vestirle. Luego le dijo:

—Ya no te apesadumbres. Diodor es tu hermano.

Domènec se echó a reír.

—Es la verdad —recalcó el capitán—. Tuve amores con una mercenaria en el sitio de San Felipe.

—Aunque fuera mi hermano —repuso el doncel—, ¿quién me asegura que es hijo mío?

Diodor reunió en pocos años dinero suficiente para comprar un pailebote. Era un barco regio, de velas y casco oscuros, que dotó de intrépida tripulación. Se hizo a la mar, dejando a Moza y el oficialillo la custodia de la taberna. Recorrió la misma ruta que los mercaderes maoneses, cuando libró de la esclavitud a Moza y un marinero.

Canjeó un cargamento de trigo por el salvoconducto que le permitiera navegar sin ser asaltado por los turcos. Traficó en armas, loza fina, naranjas sicilianas, cerveza, sidra, marfil, plumas de avestruz para tricornios, tela basta que vendía en Levante y que dio en llamarse de mahón. Mercadeó en todo cuanto podía venderse dentro o fuera de Menorca. Granos, maderas nobles, muebles, especias, muselinas, relojes, sillas de montar, encajes de oro y plata y un sinnúmero de artículos cuyo uso había sido implantado en la isla por los ingleses.

Gracias al buen trato que recibían en la vinatería, obtuvo de las autoridades la concesión de buque correo. Recogía nuevas de Malta, despachos y periódicos franceses y misivas con destino a Londres o procedentes de la metrópoli.

Diodor acrecía rápidamente su fortuna. Adquiría tierras y las vendía a los oficiales nuevos de la guarnición, deseosos de construir un hogar que mitigase su extrañamiento. Criaba pavos y patos por los que cobraba 6 y hasta 10 peniques la pieza. Tenía dos doncellas en la bodega que no se hacían de rogar para satisfacer la sed de amor de los caloyos.

Montó un bochinche en el Arrabal y aun otra tasca en el

83

puerto. Y edificó una excelente casa en la calle Mayor, en cuyos sótanos pensó disimular un burdel exquisito.

Era una vivienda espaciosa, de amplios salones, ricamente ornamentados. La escalera era de mármol, con baranda dorada. Las camas tenían colgaduras majestuosas. Había esculturas de prestigiosos artífices italianos, cuadros de pintores griegos, grabados que evocaban el sitio de San Felipe o costumbres ancestrales de los isleños.

Moza dispuso de pelucas, corpiños, camisas y basquiñas, de negros velos de seda y cosméticos, como una dama de Versalles.

También Diodor retornaba de sus viajes vestido como hombre de clase encumbrada, con sombrero apuntado de tres picos, trajes a la moda, generalmente negros, y espada al cinto.

Instaló un prostíbulo refinado en el sótano. Acudían casadas faltas de dinero, de mirada despejada y cuerpo macanudo, espigado pese al hambre. Se daban a los mejores oficiales de la guarnición. Lo que reportaba buenos dividendos a Diodor.

Si las cuitadas llegaban a alumbrar un vástago rubio, de ojos gris-azulados, sus maridos se encogían de hombros y decían, «cosas del Creador». Porque de un tiempo a esta parte Dios les había favorecido con liviano pasar.

Claro que para consortes celosos siempre quedaba el recurso de zurrarles la badana y mandarlas al islote de las adúlteras.

En 1742 Diodor pasó las navidades con sus amigos británicos. Aunque no se habían casado Moza acababa de parir un niño que llamarían Julián. Inglaterra estaba en guerra con Francia y Diodor acariciaba la idea de armarse en corso.

Entonces fue a visitarle doña Catalina, cabalgando dos días desde Ciutadella, con reducido séquito.

Había tenido un hijo, ya de once años, que trajo la desgracia a su casa, pues, como por capricho de la natura, se parecía enormemente a Diodor. El doncel don Domènec se pasaba la vida ebrio o malhumorado, y dilapidaba su fortuna moviendo cuchipandas en el burdel de la calle San Juan. Ahí había quedado, con Dasi, su padre.

Doña Catalina sollozaba y Moza creyó prudente retirarse. Diodor la dejó llorar. Luego la llevó abajo. Entre cortinajes de satén y cuadros sensuales.

—Tengo lo que necesitas —declaró con risa sardónica.

—¿Qué quieres decir?

—Algo así.

Y señalaba la estancia con los brazos abiertos.

Doña Catalina observó en torno y volvió a zollipar. Se alejó corriendo. Buscó albergue en la hostería y a la mañana siguiente regresó a Ciutadella.

Moza juzgó que Diodor había estado demasiado duro con ella.

12. Que continúa lo precedente, con ulteriores sucesos.

El doncel don Domènec se había aviejado tempranamente. Tenía pelo cano, ojos inapreciables, de puro anegados en pellejo, dientes mellados por pendencias de borrachines y cuerpo fofo, de nalgas enormes, tanto que parecía bojote pegado a unas asentaderas. El capitán Martí Dasi, ya poco menos que general, decía que todo el licor se le acumulaba en el tafanario.

Desde el nacimiento de don Juan no hacía nada al derecho. En 1743 le eligieron para Jurado Mayor. Pudo ingresar buenos monises con que paliar el derroche de patrimonio, pero no se sintió útil, ni redimido en su honor.

Vivía atormentado por su debilidad, cogiendo la turca en la taberna o en el burdel de la calle San Juan.

Tenía allá una mora predilecta, verdadera beldad escultural. Pagaba por ella y por un negro membrudo que la custodiaba como esclavo. Ambos eran saltarines consumados. El hombre reluciente de sudor, tocando rítmico cilindro. La hembra vestida sólo con sus larguísimos cabellos. Volaba, más que danzar. Domènec aspiraba el perfume de las carnes exóticas. Contemplaba los abrazos lascivos. Se adormecía entre cantos impenetrables.

Le había comprado un rubí estupendo para el ombligo. Y una carátula de oro para simular bailes egipcios. Para traerla a Agua Fría la sentaba sobre un elefante, vestida de gasas etéreas.

Acabó traspasando el salvaje al masovero. Pero conservó la mora en una cámara de vidrio. Estaba atada por el tobillo. La cadena era larga. Gozaba de lecho mullido, sirvienta y músico eunuco, así como de perfumes y golosinas.

Mosén Martí Dasi sufragaba tanto fausto. Liquidaba las deudas del doncel y se mostraba fiador hasta donde hubiera de garantir, aunque llegara a verse sin otro ingreso que la paga de militar.

Se hallaba al corriente de los progresos de Diodor. Observaba cómo doña María, la hija, iba quedándose para vestir imágenes. Conservaba su apostura y aún era mujeriego.

Aún bajaba a los pozos de sus propiedades, poniendo los pies en las muescas laterales, peligrosamente escurridizas por el verdín. Le gustaba sentir la inmensa sensación de frescor, en pleno verano. Y vocear desde el fondo, para que el eco redoblase el grito y lo trocase en el chillido de una doncella.

A veces empleaba al negro desnudo con el arado, fustigando los bueyes a vergajazos. Si la reja topetaba en una roca y volcaba, le hacía tragar la tierra roja a dentelladas. Y le obligaba a arremeter otra vez con el aladro.

En la siega se mojaba con al agua fría del botijo. Guadañaba como cachicán. Comía pan crujiente con queso curado. Y al ponerse el sol aún le quedaba aguante para arrimarse a la más hermosa casada, empujarla a su cabaña, doblarla contra la mesa y forzarla a embestidas como semental.

O cabeceaba a la sombra del portal, mientras doña Ana se peinaba, doña Catalina leía un libro piadoso, don Juan mamaba ruidosamente, la mora cantaba y el doncel se sumía en su ridículo desespero.

Hubo por entonces en Maó epidemia de viruela negra, que causaba gran degollina. Diodor dio en preservarse por el vino: cuando no negociaba estaba caneco. De tal guisa soslayaba todo temor.

Vecinos de toda edad eran conducidos diariamente a la iglesia con mortaja de franciscano. Chiquillos y abuelos comidos de pústulas, boqueando con fiebre y hemorragias. Nada podían los médicos ingleses ante tanta desdicha.

Pese al peligro de contaminación mosén Martí Dasi fue a interesarse por su salud, montando un precioso caballo. Diodor le preguntó a su vez por su familia, que se había retirado a Agua Fría.

Estaba magnífico. Recio, la mirada avispada, el pelo todavía negro y el mismo ardor en la bragadura. Diodor le convidó a Zumaque y chingó tanto como para no volver a catarlo. Salieron, teniéndose con dificultad. Ya en descampado, percibieron estropicio detrás de unas matas. Dasi echó mano a la pistola.

—¡Alto!

Silencio. Unos pasos y otra vez ruidillo de hierbas.

—¡Alto o disparo!

Pum.

—¡Muuoo!...

Una vaca cayó detrás de la maleza. Se la llevaron a rastras. Lo menos habría estofado para un mes.

En casa Moza mandó aparejar una tina de agua humeante. Capuzaron desnudos y ella les jabonaba. Hasta que se les pasó la curda.

El capitán halló solaz en una viuda joven, de cabello bermejo y cuerpo espléndido. Su marido acababa de fallecer a consecuencia de la plaga.

Se había puesto en manos del saludador, que le vendió una cruz de higuera para sanar el mal. Otro ensalmador le ató a una columna con un palomo sobre la cabeza. Los humores del pobre animal habrían de curarle, mas le inficionaron las postillas y le pusieron peor.

Otro matasanos le dejó en la miseria por visitarle a caballo, vestido como moro, y recetarle un purgante, tras mucha ceremonia. Evacuaba lo poco que comía, y como no adelantaba dobló la purga, llevándole a las puertas de la muerte.

Para rescatarle vino un barbero metido a cirujano que significó la urgencia de intervenirle. Lo hizo transportar sobre unas tablas a su tienda, donde le clavó un cuchillo que acabó con todo padecimiento, pues allí fue el fin del infortunado.

Mosén Dasi se quedó muchos días consolando a la excelente viuda. Tomaba la medicina de Diodor junto con buen guiso de vaca.

Luego regresó a Ciutadella por el camino de Kane. Iba pensando que aquel hijo bastardo se estaba haciendo de oro. Fue directamente a Agua Fría. Por fortuna nadie había caído enfermo entre su gente. La epidemia comenzaba a remitir.

Doña Ana parecía más enjuta y triste. El cabello negro, larguísimo, la tez frágil, como de vidrio. Doña Catalina, más joven, no le iba en zaga, pese a conservar la provocación de sus ojos, el orgullo de su pecho enhiesto, de su mandíbula turgente.

Don Juan había roto a hablar precozmente. Era un niño hermoso, avispado, de ojos clarividentes. No profería una sola sílaba incorrecta. El capellán, que le adoctrinaba con su bondad natural y alguna superchería, aseguraba que sería un genio.

—¡Ja, ja! Un genio... —reía el capitán.

Él le quería acaudalado, militar y mujeriego. Lo uno tendría que ganarlo, visto el malgasto del doncel y el suyo propio. De lo otro se encargaría él. A menos que el caballerete se emperrase en ser ilustrado feminoide, en cuyo caso pensaba cruzarse de brazos.

Últimamente le habían obsequiado un pequeño teatro de marionetas. Algo realmente curioso: una casilla destechada que figuraba un salón versallesco, minuciosamente decorado.

Una bailarina de grácil animación se agitaba descalza sobre el solado. Se introducía en el boquete redondo que simulaba el espejo. Bamboleaba, con los tirones de los hilos que manejaban doña Catalina o el mayordomo.

Una reina primorosa le premiaba con sus aplausos, desplazándose a pasitos por el salón.

La bayadera se inclinaba, alzaba una pierna deliciosa, rotaba. Según el ritmo de la música que doña Catalina desgranaba en el clave.

Vestía de negro, el semblante demudado, un verdugón de ahorcada en torno al cuello. Como Emilia.

Un oficial la acompañaba, distante, correctísimo. Sus movimientos eran bruscos, como fantoche de cartón. Los títeres divertían mucho a don Juan. Cabeceaba, palmoteaba, atendía los diálogos sin pestañear. O imaginaba nuevas peripecias, cual verdadero escritor.

En cierta ocasión el capitán convocó a Emilia, desnudando la espada. La muerta no se hizo esperar. Apareció joven, blanca como un lirio. Depositó un beso helado en la frente del chico.

—¿Quién eres? —preguntó don Juan.

—¿Tú quién dices que soy?

—¿Eres la Virgen?

—¡Ja, ja! No...

—¿Eres un sueño?

Emilia guardó silencio.

—¿Eres mi tía?

—Pongamos que sí.

Don Juan se arrimó al fuego.

—¿Tienes mucho frío?

—Sí.

—Pues acércate aquí.

El espectro se sentó junto al pequeño y le contó un cuento increíble.

Entonces Domènec ya había vendido la esclava mora y transformado en invernadero su jaula de cristal. Allí crecían varias especies de rosas, todas con una lágrima de oro, por lo que el doncel, agobiado por sutiles remordimientos, acabó mandándolo derruir.

Continuó malbaratando la hacienda, con ayuda de su padre.

Porque mosén Martí Dasi le secundaba en muchas cosas, como en lo de confiar a un pintor italiano el retrato licencioso de una dama menorquina.

La modelo vestía velo negro de ornamento, largo hasta la peana, y traía enorme abanico de encaje, con lo que medio recataba su desnudez. Era rubia, ojos azul celeste, como una inglesa. El cuerpo escuchimizado, pero armonioso.

Faltaba el rosario, pero ni el doncel ni el capitán se atrevieron a tanta desvergüenza.

El cuadro fue tema de mucho comento, no siempre lisonjero. Terminó colgándose en el burdel.

Diodor aceptó la modelo a su servicio. El capitán tuvo nuevo motivo para cumplimentarle, pues aquella ninfa chiquitina era fogosísima en la cama.

En carnaval menudeó el baile y la jarana. Hacía muy buen tiempo. El sol chispeaba sobre el encalado, deslumbrando como un espejo. Los vecinos salían a la calle en mangas de camisa. Brincaban, viltroteaban. Por la noche encendían antorchas. Tañían guitarras, panderos y castañuelas. Había vino y ginebra. Toda varona terminaba con su jayán.

Diodor acudió a la fiesta con espada y carátula roja.

En Ciutadella voceaban:

—¡Vivan los bailaores!

—¡Viva la farra!

Que se prolongaba hasta el amanecer.

Dio muchas vueltas hasta que en una esquina topó con una dama de negro. Sola, el rostro encubierto, cintura afilada y escote generoso.

Se besaron dos, tres veces. Con un dedo le sacó el pecho. Perlino, delicado.

Rodaron por el suelo.

Luego quiso ver su cara y le arrebató el cambuj. La boca arqueada en media sonrisa. Los ojos muy blancos en lo blanco. Dios, qué bonita era.

Era doña Catalina. Diodor se quitó el antifaz.

—Estaba segura —dijo, risueña.

Silencio.

—¿Y qué vamos a hacer ahora?

—Nada.

Claro, nada. No iban a hacer nada. Sólo gozar del sublime momento.

A mediodía volvió a verla en las carreras. Primero corrieron metidos en sacos. Más tarde montaron burros a pelo. Les aguijaban, chillaban. Se confundían en una nube de polvo.

Vio al doncel abalanzarse sobre Diodor con su cuerpo flojo, orondo. Hincarle la espada. Al punto Diodor se levantaba, tinto de sangre. Luchaban. Le ponía en el cuello la punta de la garrancha.

—Ahora debería matarte —le decía.

Daba tres pasos vacilantes y caía de bruces en medio de la calle.

13. Del retiro en Agua Fría, con ciertas salidas a corso.

Zanjado el caso, don Domènec se recogió a Agua Fría. Pasó un tiempo sin que le catara alma nacida.

Para raer de la memoria su permanente enemiga, mosén Martí Dasi concertaba con caballeros, oficiales y altas dignidades buenas partidas de caza. Se andaban a la flor del berro con tragantonas y tripundios. Se bebía agua con anís y azucarillos, mientras duraba el fandango. Los bailarines entecos y atezados. Circunspectas las hembras, con la cabeza gacha.

Pablaban arrogantes del gabacho, que jamás osaría atacar la isla, del saqueo que sufrían sus naves desde que se concedían patentes de corso. Rehuían las alusiones al clero, siempre quejoso, y a la nobleza absolutista.

Mosén Martí Dasi llegó a invitar al gobernador. Cobraron buenas perdices, ayudados por experto cazador. Por cierto que su puntería endiablada falló una vez, cuando el espectro de Emilia asomó tras un tronco. Sus dientes le deslumbraron con centelleos de plata.

—Yo estoy embrujado —musitó el infeliz.

Pero ni corto ni perezoso sacó su honda de pastor, cargóla, giróla en molinete y derribó a la muerta de una certera pedrada en la frente.

El perro se detuvo a oliscar el cadáver. Emilia estaba espalditendida, con una estrella de sangre en la testera.

El doncel se ensañó con el pobre animal. Le propinó tal tollina a base de culatazos que le quebró el entrecuesto. El capitán hubo de rematarlo.

Emilia aprovechó la confusión para salir de naja.

Al anochecer el suceso andaba de boca en boca, en tanto merendaban en el patio. Había guitarrillos y panderas, sentados los músicos en sillas de enea. Había guitarras y castañe-

93

tas. Algunos payeses fumaban pipas de arcilla. Ciertas matronas amamantaban a sus retoños.

Doña Catalina languidecía con la nostalgia del verdadero amor. Don Juan estaba atentísimo. Y doña Ana se mostraba ajena a tanto jollín.

Mosén Dasi se regocijaba junto al gobernador, radiante como patriarca. Un vejete desmirriado, de piel cetrina, cantaba a grito pelado:

> Que caigue la lunaa
> ay en medio de la plasaa
> que de los cuatro trosoos
> tú n'eres unaaa...

En eso apareció el masovero. Tenía a la muerta atada de las muñecas con una cuerda de esparto. Le había dado caza en el bosque, fustigando a los canes, y estaba medio desnuda, con el cuerpo lleno de arañazos.

La música calló bruscamente. Todos quedaron sin habla. La masovera buscó una manta para cubrir a la desdichada.

Mosén Dasi se levantó colérico. Partió en dos la frazada con el sable. Bramó:

—Que siga la fiesta.

El viejo:

> Que tú n'eres unaa
> ay que tú n'eres unaaa...

Y bailó con la difunta, que tenía los ojos bajos, como exigía el ritual.

Diodor había sido trasladado al convento de San Francisco. Estaba a la muerte. Se mandó noticia a Moza. Le fue administrada extremaunción.

Doña Catalina se encontraba a su lado, oprimiendo su mano, cuando llegó Moza. Vino acompañada del doctor Perceval, hijo de un caballero mahonés, que había tomado la borla en Montpellier. Permaneció con él mientras estuvo pendiente de un hilo.

Por cierto que, cuando salvó el pellejo, aconteció un lance cómico. Un buey que era conducido al macelo partió el ramal y salió de estampía.

Cató la puerta abierta y se coló en el convento. Los monjes cantaban en el coro. El animal recorrió el umbroso claustro, se zampó dos o tres rosas y penetró en la capilla.

Los monjes:

—*Ecce agnus Dei, ecce qui tollit...*

El buey:

—Muuoo...

Mostrando los cuernos desde el pórtico.

Luego hubo que acorralarle. Escapó otra vez a la vía. Se encuevó en una casucha y acometió su propia imagen reflejada en el espejo, haciéndolo añicos.

Por fortuna volvió a la calle y pudieron capturarle. Mas cuando lo hubieron hecho se arrellanó en el suelo y no había forma de moverle.

Entonces Diodor, que se había acodado en el alféizar para solazarse con el espectáculo, recordó un remedio a la testarudez aprendido en uno de sus viajes. Fue a llenar un cuenco de agua y él mismo se la echó en el oído, con lo que el animal dio un respingo y se alejó corriendo.

—¡Válgame Dios! —exclamó Moza al repararle—. Vuelve al catre, insensato.

Algunos días más tarde el galeno fue a examinarle. Anunció que sería factible transportarle a Maó en la silla de posta del gobernador, único carruaje que había en toda la isla.

Poco antes de ponerse en camino doña Catalina acudió a su celda. Se miraron intensamente. Moza optó por retirarse. Pero no se abrazaron.

—Tengo que marcharme.

—Claro.

Ya en la puerta Diodor volvió sobre sus pasos. Hundió una mano en el cabello de la dama y luego salió precipitadamente, sin echar una vista atrás.

En el cuarto contiguo Moza desnudó el pecho turgente. Una lágrima había resbalado por el escote, densa y dorada como gota de miel. Después de limpiarla tomó a su hijo y fue a reunirse con Diodor.

Pronto pelechó y pudo entregarse de nuevo a sus empresas. Se había armado en corso con ciertos socios ilustres. Entre ellos el propio doctor Perceval, el notario Picurd, comerciantes y menestrales. Había navegado como patrón en los jabeques *Piscinas* y *Victoria*.

En el primero singlaron 3 meses y 8 días por el Mediterráneo. Apresaron tres barcos y colaboraron con buques de guerra británicos en la captura de otros dos. Consiguieron un botín de 2.400 piezas de a ocho.

Moza quiso acompañarle en el segundo crucero. Duró de mayo a setiembre. Hicieron cinco aprehensiones. Y también participaron con barcos más grandes en sangrientos combates marinos.

Evocaban viejos tiempos en que asaltantes turcos los vendieron como esclavos. Especialmente en acciones encarnizadas como el abordaje a la tartana francesa *Charme*.

Cuando iban a darle alcance intervino un bergantín de guerra francés y hubo que tomar las afufas. El enemigo escupía el infierno por sus cañones. Ya había desgajado parte de la borda cuando Diodor decidió arremeter contra la tartana, derrochando coraje. Moza aguantó como varón intrépido, alternando sable y pistola.

Peleaban cuerpo a cuerpo. Un contrario la encañonó con un trabuco. Iba a descabezarla cuando le cercenó el brazo de una cuchillada.

Otro le aferró el cogote y cuando estaba a punto de hincarle el garfio se descamisó de un manotazo, alelándole con la aparición de su pechuga. Diodor, que altercaba a su lado, aprovechó para darle la puntilla.

Siguieron bregando. El bergantín se acercaba sin hacer

fuego, por no acribillar a los suyos. Antes del embate consiguieron domeñar a los de la tartana.

Encontraron a ciertos oficiales que se habían refugiado allí tras haber perdido su barco. Tomándolos como rehenes les amenazaron de muerte si los del bergantín no les dejaban marchar. A lo que hubieron de acceder.

Al ser rescatados, ya en Menorca, uno de aquellos caballeros, conde de Lacrermeille, juró ahorcar a Diodor de las almenas de San Felipe.

—Primero habréis de ocupar la isla.

—Lo haremos —afirmó el conde—, y entonces nos veremos las caras.

—Os estaré aguardando.

Diodor saludó con una inclinación.

En aquella segunda travesía habían apresado una cáraba valenciana, una polacra genovesa con carga de trigo, un pingue con toneles de vino, otro atiborrado de azúcar, maíz y judías, además de la mentada tartana.

Diodor había reunido suficiente fortuna para armar su propio navío, una goleta que mandó construir en el arsenal del puerto. Perceval, el facultativo, y Picurd, el fedatario, quisieron terciar en la empresa. El primero escogió además un cirujano de su confianza para emplearlo a bordo y el segundo levantó protocolos del acuerdo. Diodor invitó a tener parte en el proyecto al capitán Martí Dasi y aun al doncel don Domènec, a quien no guardaba rencor.

Una vez aparejado, abastecieron el barco de atacadores, sacatrapos, palanquines y bragas para los cañones de banda y para los grandes. Lo pertrecharon con fusiles, trabucos, escopetas, pistolas, sables y botavantes. Dispusieron balas, botes de metralla, palanquetas, pólvora en barras y municiones diversas. Había grilletes y manillas para los presos, así como medicinas y material quirúrgico para los heridos.

Reclutaron la marinería entre los jayanes más arrojados de la isla. Moza, naturalmente, se negó a quedar en tierra.

Dejó a Leonor al frente de la casa y los bochinches. Era la rubita fogosa que, tras posar con velo y abanico, se había convertido en amante del capitán.

Secundada por mosén Dasi, cuidó admirablemente los asuntos de Diodor.

Cada noche recorría las tascas con un disfraz diferente, para cerciorarse de que todo marchaba. Se abrevaba, o requería a la cantinera, por ver si sus mimos se ajustaban a lo debido.

Hacía bañarla en una caldera de agua humeante, ludirle el cuerpo con esencia de azahar. Extinguía la luz para colmarla de zalamerías con femeniles manejos.

A medianoche había teas en las esquinas y en todas las naves del puerto. Rielaban en las negras aguas, hasta formar el espectro de Emilia. En casa de Diodor la rubita se mostraba entre bastidores, miando como gata maula.

El velo traslucía su cuerpo frágil, lene como la bruma, y el abano trenzaba mil juegos con su desnudez. Sudaba de lo lindo, como muchísimos glóbulos de plata. Y el capitán la acunaba con el corazón palpitante, tanto que un día iba a palmar.

Entretanto Diodor navegaba en la goleta de su propiedad, que había registrado con el nombre de *Estela.* Efectuaron dos salidas y lograron nueve presas. Y aun matutearon en puertos exóticos.

Al anochecer se amonaban con buen vino de Jerez, requisado en Sanlúcar de Barrameda. Se dejaban ahogar en los toneles, donde quedaban sumidos hasta la vuelta, para que les enterraran en sagrado. Así transportaban también a los muertos en combate, a fin de conservarlos intactos.

Moza se duchaba en aguardiente y a veces había dos hombres sorbiendo sus pechos.

Emilia surgía del ponto corita para provocar a la tripulación. Se colgaba del mástil como bandera, con un hierro chantado en la espalda. Y cuando los marineros querían amarla hallaban su vientre duro como la piedra.

Diodor compró tierras costeras donde explotaba salinas inmensas, como llanuras nevadas donde brotaba la flor de la sal. Eso le enriqueció sobremanera.

Pudo construirse un palacio en Maó. Obtuvo cargos públicos y siguió prosperando. Era ya más opulento y poderoso que cualquier caballero de la isla, mucho más que el doncel don Domènec.

14. Que prosigue lo anterior hasta la llegada de los franceses.

Diodor siguió navegando en corso, aun cuando era un potentado. Moza solía acompañarle. Julián quedaba al cuidado de Leonor, que fue como una madre para él. Residía en la antigua morada de Diodor, donde se recibía ya a muy pocos caballeros. Allí se desempachaba como auténtica señora. El capitán Martí Dasi hacía dos jornadas a caballo para ir a verla, a pesar de su edad avanzada.

Mientras, doña Ana languidecía en el palacio Dasi. Frecuentaba la misa y las obras piadosas con escasa convicción. Contemplaba su belleza ajada en el espejo y se encogía de hombros. Conforme con una muerte digna para una vida vana, sin más descoco que haber entregado su doncellez antes del matrimonio.

Mosén Dasi era ya teniente general. No se retiraba de la milicia para tener un pretexto a sus continuas ausencias. Hasta que doña Ana le dijo:

—Ya no cantes la palinodia. Estoy en el cuento de tu pasión senil por esa Leonor.

—Es toda una señora —objetó puerilmente el capitán.

—¡Aunque fuera un batallón!

—¿No te importa?

Doña Ana se descalzaba de risa. Llegó a encuerarse, ostentando los pechos chiquitines, el tronco descarnado, todavía con cierta lindeza.

—Dime, ¿me has mirado, últimamente?

—Yo no te encuentro mal.

—Ja, ja. ¿Te siguen llamando pichita de oro?

—Ya no.

—Ja, ja. Yo de ti me retiraba.

Y mosén Dasi dejó las armas.

100

Siguió vinculado a Leonor, con el beneplácito de su mujer.

La ninfa había cobrado profundo cariño a Julián. Cuando Moza se ausentaba procedía como verdadera madre. Le lavaba, le daba de comer en la boca, le regalaba golosinas y jugaba con él a todas horas.

Desatendía los asuntos de Diodor, que hubo de dejar enteramente en manos de apoderados. Asimismo tenía hospederas para las tascas, que sólo vigilaba de noche, disfrazada de tagarote. Y aun hubo de negligir la ronda a cada paso, puesto que Julián despertaba acongojado y acudía a su cama, para conciliar el sueño pegado al delicioso recoveco de sus caderas.

Cuando estaba en Maó, Moza velaba por el pequeño en el flamante palacio neoclásico, de amplios jardines, sótanos laberínticos y pomposos salones revestidos de madera o de mármol. Había salas de juego, gimnasio y un teatrillo para puchinelas. Leonor permanecía en la casa antigua, dedicándose sólo al capitán.

Julián creció animoso. Tenía como aya la cortesana más refinada, como abuelo el general más mujeriego, como abuela la aparecida más seductora que se pueda imaginar. Emilia, además, le amamantó hasta los tres años, pues se conservaba tal como fue ahorcada.

Transcurrieron años de aventura para Diodor, metido a corsario. No vio a doña Catalina en mucho tiempo. Pero su imagen se le representaba en los momentos de mayor peligro. Sonreía junto a Emilia rediviva, ambas pulidas, arrogantes.

Turbado, asistía al combate entre Moza y las dos beldades. Su costilla apuñalaba el aire y las majas le arrancaban el cabello y adentellaban los pechos.

Diodor acreció en extremo su fortuna. Cuando no rapiñaba, mercadeaba. Con el *Estela* y con otros barcos que tenía. Vendía sal, vino, granos, lo que fuere. Como antaño. En

1748 pasó por alto la paz de Aix-la-Chapelle y siguió pillando o comerciando, según lo que hacía al caso.

En abril de 1756, hallándose muy cerca de Maó, con temporal de tramontana, divisó la poderosa escuadra francesa que se dirigía a la isla. El marqués de La Gallissonière gobernaba la flota, y el duque de Richelieu mandaba la operación. Por entonces Diodor había tomado ya a los invasores más de treinta mercantes, y exigido rescate por unos sesenta hombres.

Aportó dejando atrás los vientos, sin adoptar ninguna clase de precauciones. Se presentó al capitán de la guarnición y le enjaretó:

—Ahí vienen los franchutes, con más de doscientos barcos.

En la torre de señales emplazada en el cabo la Mola se izó la bandera, anunciando la armada enemiga.

Diodor se trasladó a su casa, para poner las cosas en orden. Confió el pequeño Julián a Leonor. Encomendó sus negocios a los apoderados, reunidos urgentemente en el palacio. Juntó alhajas y tesoros en un arcón y llamó a Moza para que le acompañase a enterrarlo en las salinas. Por cierto, ¿dónde estaba Moza? Nadie lo sabía.

El capitán Martí Dasi se marchó a espetaperro para Ciutadella, no dijo si a vestir su viejo uniforme o a ponerse de parte de los gabachos.

Diodor cargó el baúl sobre una mula, ató el ronzal a la silla de su cabalgadura y se dirigió a las salinas. Buscó un punto determinado, al pie de una gran peña roja con forma de elefante, que le fuera posible recordar. Una vez soterrado el cofre, disimuló el emplazamiento con varias paletadas de sal.

Cuando retornaba recordó la señal que hacían los barcos al arribar. Se izaban tres clases de banderas y al verlos los sirvientes o amigos prevenían a las mujeres. Con la premura lo había olvidado. Moza no debía de estar al corriente de su llegada.

Inspeccionó las dos vinaterías del puerto y no la encontró. Dio instrucciones precisas ante la aparición inminente de los franceses. Acudió al bochinche del Arrabal y lo halló clausurado. Puertas y ventanas estaban fuertemente atrancadas. Percibió un leve jadeo. Silencio, y el acre graznido de una gaviota. Otra vez la calma. Trepó por las tejas del desagüe. Pero no era una gavina. Se metió en un ventanuco. Bajó la escalera.

Allí estaba Moza, en brazos del negro que había sido esclavo del doncel don Domènec. Ambos trasudados, la piel del hombre reluciente como ébano laqueado.

—¡Concho! —exclamó Diodor—. A eso le llamo yo sacar astilla.

El negrazo le miró con ojos fulgurantes. De pronto cogió un tizón del hogar y arremetió contra el amo. Pero Diodor le derribó de un tiro en el costado.

—Vístete —ordenó a su mujer.

Llevaron el siervo a la consulta del doctor Perceval.

—Si echa buen pelo, haces con él lo que te dé la gana —dijo Diodor a su dulce enemiga.

Se había alejado un buen trecho cuando Moza le dio alcance. Tenía una lágrima. ¿O era baba?

—Quiero ir contigo —dijo.

Y se la llevó al castillo de San Felipe, donde habían empezado a refugiarse los britanos.

En la fortaleza había enorme agitación. El gobernador Blakeney dirigía la defensa con entereza, pese a su edad avanzada y a que sufría paresia.

Diodor se puso a sus órdenes y el viejo patricio se conmovió ante su lealtad. Fue promovido en el acto al grado de capitán. Se le asignó alojamiento en el laberinto subterráneo del fuerte.

Moza se aprestó también para el ataque, como solía hacer en alta mar. Vistió traje blanco, holgado, y ciñó su talle con faja de seda negra que apresaba el sable y mantenía erguidos sus pechos monumentales. Se apostó en el reducto Carolina, con un atajo de forajidos y mujerzuelas del Arrabal.

A Diodor le incumbía custodiar los accesos por mar desde la cala Sant Esteve. Mandaba un pelotón promiscuo, mitad soldados mitad proscritos. Algunos se habían retirado de Mercadal entrando a saco y asesinando. Tenían pellejos de vino y andaban siempre achispados, jurando ¡pesia tal! Uno guardaba en el macuto la cabeza del cantinero que le plantó cara, hervida para que no se corrompiera.

Diodor le vio jugársela a los dados, y al increparle el rufián soltó risotada y mordió un buen pedazo de mejilla, presentándole acto seguido la otra para que la catara.

—¡Ja, ja! —reía—. Está un poco sosa, pero no le importa una chita al señor de la sal.

Diodor contuvo un momento su cólera. Le habría tumbado de una puñada. En cambio, le mandó a calabozo, confiscándole el saco, que ordenó inhumar con la calamorra dentro.

Mas el desuellacaras no estuvo mucho tiempo en la mazmorra. Para proteger el alcázar hacían falta truchimanes como ése, con poco aprecio a la vida. Blakeney autorizó su salida para acudir a derribar ciertos molinos que comprometían la seguridad del fuerte.

Se hizo la operación y como se vio libre el bigardo pensó vengarse de Diodor. Se apostó de noche junto a su pieza y en cuanto vislumbró a Moza le aferró el gaznate. La hembra comprendió de lo que se trataba y dejó de forcejear.

El lunfardo la tiró sobre el camastro, le arrancó el vestido y desabotonó su bragueta. Moza sonrió, con un hilo de sangre en la boca.

—No hace falta tanto alboroto —dijo.

El bandolero la besó con frenesí. Tomó sus pechos como melones y tragó saliva. Moza le rodeó el cuello con los brazos, soltando la carcajada. Pronto se revolcaban por el suelo, encenagado de humedad y polvo.

104

La puerta estaba abierta y alguien previno a Diodor. Cuando llegó se encontraban profundamente abrazados. Vaciló un instante. Luego agarró al canalla por el pelo y lo llevó arrastrando a la cocina.

Metió su cabezota en la olla, sin esperar amputársela para cocerla como cumplía. El desgraciado pataleó en vano. Bregaba con brazos y cuerpo. Pero Diodor le tenía sólidamente atrapado por el cuello con la tapadera. Sus sacudidas perdieron vigor. Registró cierto aleteo convulso que fue mitigando hasta la plena quietud. Nadie movió un dedo por ayudarle. Diodor dejó al infeliz nadando en el puchero y se encaminó a su aposento. Moza gimoteaba, desnuda sobre el jergón. La habría vapuleado a placer, pero se limitó a mirarla sombrío. Luego regresó a su puesto de guardia. A medianoche bajó al embarcadero. Cogió un bote y se alejó remando.

Llegó a su casa, aparejó un caballo, eligió algunos pertrechos y salió por el camino viejo, para no toparse con los franceses, en dirección a Ciutadella.

El 18 de abril los galos fondearon en la bahía de Ciutadella. Un piquete informó que la ciudad había sido abandonada por la guarnición. Aristocracia, clero y pueblo aclamaban al invasor. Los jurados fueron a rendir pleitesía al mariscal de Richelieu. Y se ordenó el desembarco.

Entre los que subieron a bordo había un oficial retirado de Su Majestad Británica, mosén Martí Dasi, y su hijo el doncel don Domènec. Era un punto de mucho cuidado, que había hecho armas con mosén Saura, mas como era caballero y traía datos valiosos del enemigo, Richelieu acabó por tomarlo a su cargo. Existía otra buena razón para hacerlo: como él mismo, Dasi era un seductor, y decían si la tenía de oro.

Al día siguiente se entonó solemne tedéum en la iglesia mayor. Mosén Dasi y Domènec vestían impecablemente uniforme de *tacons rouges*. Ambos juraron fidelidad al rey de Francia, con las autoridades de toda la isla.

El día 20 comenzó el desembarco. Diodor había llegado ya

a Ciutadella. Mandó recado a doña Catalina y se vieron de ocultis en Agua Fría. Se encaminaron a las salinas de Diodor. Doña Catalina a la mujeriega sobre un caballo primoroso. Escapaba junto al primer hombre que la tuvo en sus brazos, por quien había bebido los vientos en silencio durante muchos años.

Mosén Martí Dasi y el doncel don Domènec avanzaban hacia Maó con los franceses. Sólo don Juan, que ya era un joven erudito, advirtió la partida de los enamorados, pues a esa hora se recogía a su aposento, después de estudiar largo rato en la biblioteca.

15. Que trata del sitio de San Felipe por los gabachos y de la adoración de dos amantes.

El desembarque había sido penoso, por lo abrupto del terreno, desprovisto de calzada decente, y lo pesado del armamento. Los franchutes, pulcramente uniformados, habían de meterse en el agua, entarquinarse las botas, pringarse el pantalón con arena y algas apestosas. Habían de arrastrar cañones y morteros como auténticas bestias de carga. Los isleños carecían de carretas y tenían tan pocos bueyes que fue necesario aplicar al acarreo reses traídas de Francia para manutención de la tropa.

Para colmo se produjo otra vaina, una ninfa deliciosa, que guerreó antaño junto a los carlistas y fue ejecutada por Leonardo Dávila. Seducía a los soldados con su venustidad. Surgía desnuda de las aguas, el cabello chorreante, el sol de plomo chispeando en la piel mojada. Recorría la orilla, provocando riñas por la posesión de su cuerpo entre la soldadesca. Las peloteras podían ser feroces. Y cuando el ganador se había manchado con la sangre del camarada, la muerta se desvanecía como calina.

Los oficiales hubieron de imponer correctivos severos para restablecer el orden.

Los ingenieros aleccionaron a carpinteros indígenas para obrar carros con que transportar el material a Maó.

El camino estaba sembrado de estorbos, los puentes demolidos. Nubes de polvareda borraban la vía en jornadas de calor abrasador.

Emilia volvió a mostrarse en el camino, con vestimenta tenue y cabello cardado, cual beldad adolescente. Surgía de la tolvanera, el polvo pegado a sus carnes, como llovizna de oro. Sonreía, avanzaba una pierna, los pechos bamboleantes. Rasgaba la túnica impalpable y se ofrecía de envés. Pero cuando los hombres se abalanzaban sobre ella resultaba puro espejismo.

Sólo el capitán Martí Dasi logró domeñarla. Se apeó del caballo.

—No temáis —arengó a la tropa—. Está muerta.

Se le arrimó. Emilia le consideraba desafiante, lozana como en sus mejores años.

—¿Dónde aprendiste francés? —le preguntó.

—Oh —carraspeó Dasi—, una de mis habilidades.

Le empujó la cara y la desmoronó como una estatua de sal.

—¿Veis? —se frotaba las manos—. Pura ilusión.

Sin embargo, la noche del 22, acampados cerca de Alaior, convocó a Emilia para que se sacudiese el aburrimiento de la muerte nada menos que con el duque de Richelieu. Compareció en toda su galanura. Pidió prestada la peluca al mariscal y tragó el sable de mosén Dasi. Richelieu, naturalmente, quiso tomarla. Rozó sus labios y puso cara de contrariedad.

—Saben a sal —dijo.

—Su hijo posee las mejores salinas de por aquí —informó el capitán.

El duque se fijó en el verdugón de ahorcada. Le comprimió el pecho. Un chorrito de leche tibia fue a metérsele en el ojo. Ja, ja, Martí Dasi hubo de contar que cuando fue ajusticiada acababa de parir.

Se dejó manosear, pero cuando pretendieron montarla alegó que, aunque odiaba a los franceses, no quería que nadie se acostara con la muerte. De modo que mosén Dasi hubo de compartir a Leonor con tan ilustre huésped.

El día 23 acamparon en un cantizal, a la vista de Maó. Mosén Dasi evocó su juventud, cuando repelía asaltos de desharrapados y mujerzuelas con un hatajo de payeses, siguiendo órdenes de mosén Saura. Allí conoció a Emilia. Pero ahora estaba del otro lado. Casi sentía vergüenza. Aunque como aristócrata defendía sus intereses frente al alarmante poder de los plebeyos.

Lo más terrible era que su hijo Diodor se encontraba sin duda entre el enemigo y habría de disparar contra él. Por no hablar de Emilia, cuya ubicuidad resultaba mortificante, como la voz de la conciencia. Desenvainó la espada y dirigió el ataque, para segar el hilo de sus pensamientos. Pronto cayó el Arrabal. Avanzar más allá ya sería otra cosa, con la férrea defensa del castillo. Acudió a reforzar con algunos hombres el fuerte de San Felipet, conquistado momentáneamente, pero a merced del cañoneo enemigo. Cuando rodeaba el ancón alguien le notificó que su hijo el doncel don Domènec había sido herido en la mano por una bala perdida. Con suerte salvaría dos o tres dedos.

Decidió retornar al campamento. Anochecía cuando se encontró con un caballero franco, el conde de Laclermeille, que había abandonado la fortificación. Le convidó a zumaque en la taberna de Diodor.

Trincaron dos jarras. Se oía silbar los obuses a distancia. Una rubia descotada servía las mesas. Laclermeille le agarró la trenza.

—¿Dónde está tu amo?

Se hallaba visiblemente embriagado.

—¡Jopo!

La rubiales se le fue de entre las manos.

Laclermeille aplastó la jarra contra el banco, babeando espuma. Abofeteó a la muchacha, conminándola a que le dijera el nombre del patrón. En el momento que lo supo, pareció enloquecer. Tenía una cuenta pendiente con Diodor y clamaba venganza.

Mosén Dasi se hizo referir el caso. El hidalgo se fue sosegando. Salieron a la luz de la luna. Dasi desnudó la garrancha. Un destello de terror galvanizó los ojos del francés. Pero era demasiado tarde. Con brutal impulsión le rajó el abdomen y le vació las vísceras. Hubo de volver a entrar para limpiarse las manos. Emilia le aguardaba en la trastienda, con una sonrisa en los labios.

Richelieu había concentrado todo el ejército ante San Felipe. Se hacía preciso cavar trincheras y emplazar la artillería. Los ingenieros anunciaron que, dada la dureza del terreno, iba a ser un trabajo de esclavos. Lo menos tardarían dos meses. Sin contar el permanente bombardeo enemigo

Domènec había sido curado cumplidamente. Sólo perdió el dedo meñique y parte del anular de la mano zoca. Para un mandria como él aquello era un trofeo inapreciable. Pensaba exhibirlo en los bailes de salón, y por supuesto hacerse admirar por todas las rameras del burdel.

Diodor y doña Catalina habían llegado, entretanto, a las salinas. En una eminencia que dominaba las lagunas, el camino y las tierras de labor se alzaba una aceptable alquería. Allí vivirían su amor, mientras esperaban el desenlace de los acontecimientos. Los masoveros estaban al tanto para servirles con discreción.

Descansaban hasta mediodía, comían en la alcoba, o en un pequeño refectorio, y luego caminaban bajo el pinar. O se sentaban en un banco del jardín. Permanecían horas en silencio, las manos juntas y una leve sonrisa en los ojos. Se mecían en el columpio, debajo de la encina tupida, recordando los días felices de Agua Fría. Como si el tiempo se hubiese parado.

A veces se bañaban en el aguaje, jugueteando como verdaderos adolescentes. Aunque en plena madurez, sus cuerpos se conservaban esbeltos, pujantes. Revolcándose por el suelo guarnecían sus carnes con sal. Parecían dioses vivientes, estatuas de cristal, con el sol destellando en cada grano.

Y se besaban intensamente, con el amargor de la sal surcándoles los labios. Se abrazaban. Chapaleaban en la marisma, los miembros enrojecidos por el légamo y la flor de la sal. Se amaban. Fiera, violentamente, como queriendo recuperar todo el tiempo perdido.

Doña Catalina mordía los ojos, los pezones del amante, como si fueran uva deleitosa. Se enroscaba en el macho como una serpiente. Quería sentirlo ahondar muy adentro, hasta el fondo de las entrañas. Gemiqueaba de satisfacción, chillaba. Pedía que le arrancara la piel a tiras, que la inundara un gozo salvaje, prohibido, desafiando toda conveniencia, toda prudencia, que la hiciera vibrar de espanto en aquella aventura inaudita.

Sacaban joyas del cofre que Diodor había enterrado. Por la noche doña Catalina se sumergía en agua con sales aromáticas. Cepillaba su larguísima cabellera. Bailaba descalza para su dueño en medio del gran silencio. De vez en cuando se le acercaba y Diodor besaba sus manos, colgaba en sus orejas pendientes de coral, le ponía collares de perlas, pulseras de plata en muñecas y tobillos, cadenillas de oro en la cintura, sortijas de diamantes, brazaletes de marfil, y ella se sentía la hembra más cara del mundo, la más feliz.

—No quiero que esto termine —susurraba.

En el colmo de la excitación, Diodor le desengarzaba los ojos, y eran dos esmeraldas enormes. Sellaba sus labios con roces ardientes, y los aplastaba con una venda de besos elásticos. Colgaba de sus tetillas argollas de hierro candente que le hacían bramar, ciega y amordazada, enjoyada para el amor como un ídolo pagano. La enterraba con sal en el ataúd del tesoro.

La mañana les sorprendía desnudos, entrelazados en el suelo. Catalina decía:

—Dime que todo fue un sueño.

—Todo fue un sueño.

—No —abría los ojos, gritaba—, no quiero que esto se acabe.

Y añadía:

—Cuando muera mandaré cubrir con sal mi corazón, junto a la peña del elefante.

—¿Dónde estaré yo? —suspiraba Diodor.

Mientras, los francos ahondaban la piedra durísima en torno a San Felipe. Trabajaban de noche, para atenuar los estragos que ocasionaba la artillería británica.

Richelieu supervisaba las obras. Recorría la zanja a pie firme, sin inquietarle el peligro de que un zambombazo le costase algo más que perder la peluca.

Los reclutas maldecían su suerte, cargando sacos de tierra y aun adentellándola furiosos, por ver de echar la contera a tan penosa misión.

Emilia seguía provocándoles. En cierta ocasión cayó un obús a su lado. Despedazó a un mozalbillo rubio, cuyos hígados quedaron colgando de la muerta cual siniestro collar.

Saltó sobre la trinchera, amenazando con el puño las murallas de San Felipe, su figura marmórea enteramente rígida. Entonces se apiadó de los caloyos franchutes y dejó de hostigarles.

Domènec no se había retirado a Ciutadella. Tampoco asomaba al campo de batalla. Pasó dos meses tendido en su yacija, fumando con sus tres dedos una pipa de caña. Apenas se acordaba de su gente. Si le hubieran dicho dónde andaba su mujer, probablemente no se habría inmutado lo más mínimo.

Mosén Martí Dasi se limitaba a servir al nuevo amo como perro fiel, y a retozar con Leonor. Se solazaba duchándola con un balde de agua clara en el calor asfixiante del mediodía, para volver tarumba a los soldados bisoños. O mandándosela al duque envuelta en la bandera, sin nada debajo. Le hacía rapar la cabeza y la vestía de uniforme, para obligarla a desnudarse al oscurecer, a la luz de un candil, transparentada su silueta detrás de la lona.

Diodor estaba al corriente de cuanto ocurría en el alcázar. Algunas noches se desprendió del abrazo de doña Catalina y montó un caballo joven hasta las inmediaciones del fuerte, para espiar los avances del enemigo.

Le encantaba sentir la humedad de la noche besando su piel sudorosa, el frescor de la brisa en el pelo. Era como un dios musculoso rondando las estrellas. Había salido de la nada para hacerse a sí mismo. Había conquistado un imperio. Y ahora podía arrebatar la mujer a su hermano.

Sí, se decía, cuando los cañones descargasen sobre San Felipe volvería a su puesto. Lucharía sin un arma, sólo con su vigor a cuestas. No importaría que el adversario fuera Domènec o el capitán. Le atenazaría con saña, le descalabraría desde lo alto de la muralla.

Retornaba jadeante al lecho del amor. Despertaba a Catalina con torpes caricias. Juntos quebraban el cristal del silencio. Luego, extenuado de cansancio, se dormía en el suelo, como un animal.

Así le encontró una mañana don Juan, el hijo del doncel que, instado por doña Ana, había acudido a buscar a su madre. La tomó en brazos y cuando despertó le hizo seña de que callara. Pero como la mujer se resistía a marcharse tuvo que adormecerla de un puñetazo. Se la robó como haría un enamorado. La ató a la grupa de su caballo y la llevó de vuelta a Agua Fría.

Diodor dormitó hasta la noche, sin hacer caso de los masoveros. Manifestaban que un mancebo que se le parecía extraordinariamente vino a quitarle su dama. Luego cenó a tentebonete y se alejó a caballo, como había hecho otras veces. Pero entonces no regresó. Cruzó, nadando sigilosamente, la cala Sant Esteve y trepó por la muralla. Se arrojó sobre la guardia, enjaretándoles:

—¿Así os defendéis de los gabachos?

Bajó a su aposento. Moza estaba despierta. Se abrazaron, sin pronunciar palabra. Estaba como más delgada. Sólo los pechos continuaban siendo macanudos. El asedio debía empezar a resultar angustioso.

16. En que se narra la lucha de dos escuadras y la preparación del asalto.

Richelieu seguía supervisando personalmente las operaciones de sitio. Exploraba los alrededores. Visitaba las posesiones vecinas. Mosén Dasi y el doncel don Domènec le acompañaban a menudo. Leonor iba con ellos, las veces que podía descuidar la tutela de Julián, el vástago de Moza y Diodor. Entre el séquito solía hallarse aquel negrazo, antiguo esclavo de Domènec, que había curado el doctor Perceval.

Cierto mediodía la comitiva se encontraba en un predio desolado. Tres o cuatro casucas blanqueadas resplandecían bajo el sol rabioso, en medio del yermo paraje. No tenían provisiones. Y llevaban horas sin potar una gota de agua. Llamaron a una puerta desvencijada. El labriego anciano y una viuda con muchos hijos compartieron con ellos su humilde yantar. Bebieron agua fresca en el cántaro, sentados bajo emparrado. El negro tocó la guitarra.

—¿No hay más? —se hizo traducir el duque.

El pobre masovero sacó huevos y pan, lo único que le quedaba.

Richelieu se quitó la peluca. Aún tenía la frente empapada. Batió los huevos con aceite en un mortero, echó sal y descubrió oficialmente la salsa mahonesa.

Untaron varias rebanadas. Estaba riquísima. Había un vino peleón que les dejó completamente tiznados.

En esto compareció Emilia. Subió a la mesa, con los pies descalzos. Leonor la imitó. Empujaron el lebrillo, todavía con un poso de caldo grasiento, los platos de barro. Se ungieron con restos de mahonesa, mientras el moreno seguía tocando. Ahora cantaba, con cara de satisfacción. Sudaba, la piel reluciente como azabache pulimentado. Las dos mujeres se mecían a ritmo lento, abrazadas, con las caras pegadas.

Richelieu y Dasi brindaban. Domènec hacía bolitas de pan con sus tres dedos.

—¿Por qué hacen eso? —preguntó un pequeño.

La viuda le mandó callarse.

—¿No es pecado?

—No para el amo.

Entretanto, el día 8 de mayo la flota británica del Mediterráneo había salido de Gibraltar, al mando del almirante Byng. El 20, a mediodía, los 19 navíos de Byng, con 4.000 soldados a bordo, se encontraron con los 17 de La Gallissonière, frente a la Isla del Aire.

Diodor se había ofrecido voluntario para guiar a los ingleses hasta San Felipe. De madrugada embarcó en un laúd. A última hora Moza saltó por el costado, como una sombra. No quería abandonarle. Parecía una valquiria, con la cabellera rubia desceñida, un vestido blanco provisto de aberturas laterales, bajo el que probablemente no llevaba nada, un puñal en la cintura, los cordeles del escote desatados entre los pechos formidables, los labios sensuales, los ojos fulgurantes. Pensó Diodor: los franceses se alegrarán de atraparla. Pero sólo dijo:

—Ayúdame a remar.

Sortearon bravamente las naves francesas, atentas tan sólo a los movimientos del enemigo. Pronto estuvieron en primera línea. El almirante Byng, que era un hombre inseguro, les destacó en *El Intrépido,* uno de sus mejores barcos.

—¿No tiene un vestido más discreto? —le preguntó a Moza.

—Hace mucho calor —dijo ella, sonriente.

A las dos de la tarde cinco navíos britanos se lanzaron fieramente al ataque. Con el viento a favor, se alejaron demasiado. La línea de Byng quedó en pleno centro del cañoneo galo. *El Intrépido* perdió el trinquete, con una batahola de mil diablos. Moza cojeaba, y Diodor había sido herido en el hombro.

Los ingleses habrían podido forzar la retaguardia enemiga, pero Byng dudaba. Tenía 4.000 soldados en unos barcos difíciles de maniobrar, que bajo ningún concepto debían caer en manos del enemigo.

A las seis de la tarde el viento desperdigó las escuadras. Los britanos se retiraron mar adentro. Diodor y Moza se arrojaron al agua, ella con lágrimas en los ojos.

Nadaron hasta el amanecer. Había gran calma en la cala Sant Esteve. Se tendieron en una covacha, exinanidos. Dormitaban cuando les sobresaltó un rumor de pasos. ¿Habrían sido descubiertos? Afuera la aurora era de plata.

Diodor besó a Moza en los labios.

—Es tu turno —le dijo.

No dudó en salir. Eran dos quintos que pronto dejaron las armas. Efectivamente, no llevaba nada debajo. Los caloyos reían, excitados por el insomnio y por aquella hembra espléndida. Moza había olvidado su cometido cuando Diodor hundió a uno la tapa de los sesos y oprimió con el pie el cuello del que estaba echado hasta estrangularle.

—¡Qué bárbaro! —se le escapó a Moza.

Treparon por la muralla y, una vez a salvo, se abrazaron, escrutándose con ojos rutilantes.

—Los nuestros han huido —informó Diodor al gobernador Blakeney.

—Imposible.

—Han salido pitando.

El gobernador se dejó caer pesadamente en su sillón. No había mudado de ropa ni se había echado desde que empezara el asedio.

La situación era apurada. Difícilmente recibirían ayuda exterior, en tanto que Richelieu quedaba libre para acoger el contingente ya embarcado en Marsella.

Diodor volvió a hacer gala de su arrojo y se infiltró en las líneas enemigas, disfrazado de coronel. Recorrió el campamento. Averiguó cuál era la tienda de mosén Martí Dasi.

Metió la cabeza con sigilo. Domènec dormitaba, con un guitarrillo atrapado entre sus tres dedos, y Leonor se acicalaba frente al espejo.

Se le aproximó y le tapó la boca con la mano. Le hizo seña de que no gritara. El espanto ensanchaba sus ojos, colmándolos de fulgor. Después le reconoció.

—¿Quién te mandó rasurar la cabeza? —preguntó Diodor.

—Mosén Martí Dasi.

—¿A santo de qué?

—Rarezas de viejo.

Leonor se encogió de hombros.

Le puso al corriente de cuanto sabía, que era bastante, pues el capitán solía ser indiscreto en sus flirteos.

—Se ha encariñado con el mariscal, y con los franchutes.

—¡Maldición!

El juramento despertó al doncel don Domènec.

—Eh, ¿quién anda ahí?

—Nadie.

La ninfa tomó el guitarrillo y entonó una canción de cuna, de las que le cantaba a Julián. El caballero se aplacó en seguida. Cuando pareció amodorrado, Leonor calló. Depositó con cuidado el instrumento sobre un arca.

—Por cierto —intervino Diodor—, ¿cómo está Julián?

—Ea, sé buena —musitó el hidalgo, con una apacible sonrisa en los labios—, mámamela.

Con un resplandor delicado en sus ojos azules, Leonor buscó el centro de aquel vástago inútil, mientras apremiaba a Diodor a que escapara. Pero el amo, fascinado por la curiosidad, estaba como clavado en el suelo. Leonor tenía boca de labios delgados, medianamente grande, con los dientecillos alineados como perlas en ristra, y la lengua rosácea, temblorosa. Su calamorra depilada doraba la noche con el mórbido balanceo.

Qué fácil, pensó Diodor, matarle ahora. Quitar de en medio uno de esos gorrones. Pero se fue chitacallando, como acostumbraba.

Días más tarde salía con los hombres más bizarros del fuerte, en una intentona desesperada de romper el cerco y anular la artillería. Fueron recibidos con fuego graneado. Caían como mosquitos, acribillados a balazos. Se enzarzaron en frenético cuerpo a cuerpo. Cierto jayán francés agarró a un soldado junto a Diodor. Embutió su cabeza en un cañón y prendió la mecha. Tras el estallido, Diodor quedó paralizado, indiferente a que le traspasaran con bayoneta o le abatieran de un disparo certero. A su alrededor el batallón estaba siendo exterminado. Finalmente, se hizo el muerto. Pasaron a su lado, disponiendo a grito pelado la suerte de los prisioneros. Sentía profundo sopor. ¿Volvía a sangrarle la herida del hombro?

Soñaba que un águila le transportaba muy alto para arrojarlo al vacío, cuando despertó en plena caída. En efecto, acababan de despeñarle con un montón de cadáveres. El mar le amparó con elástico abrazo. Pudo vislumbrarlo un instante, plisado por infinitos labios, con la mancha de plata de la luna. El choque le flageló en plena cara. Tardó en reaccionar, agradeciendo el frescor del agua. Antes de nadar hacia el reducto Marlborough creyó contemplar al pequeño Julián, vestido de blanco, y a Leonor con la cabellera crecida. Guipó a Moza en brazos del negro, a Emilia con Martí Dasi, a doña Catalina toda enjoyada.

La ronda cabeceaba en la casamata, pero Moza había acudido al llamado del amor. Desplegó su luenga cabellera para que el amante escalara el muro usándola como cuerda. Otra vez a salvo. Pero no podía durar demasiado.

Richelieu tuvo pronto 62 cañones, 21 morteros, 4 obuses y 12.000 hombres aparejados para el combate. Arengó a la mesnada: a todo borracho se le negaría el honor de batirse en la vanguardia. Honor, mágica palabra.

La noche del sábado, 26 de junio, reunió el estado mayor

en la tienda de mando. Los oficiales, lindamente vestidos y empelucados, se colocaron en torno a la mesa de campaña, sobre la que había una maqueta de San Felipe y, sentada a la moruna, Leonor, con la cabeza afeitada. Antes de hablar, con la solemnidad del momento, el mariscal se la frotó supersticiosamente.

—El ataque será mañana —anunció.

Se produjo un murmullo, seguido de aplauso cerrado. Otra vez el silencio.

—Mañana por la noche.

—¡Por la noche!

—¡Qué atrevido!

—Chist.

—Silencio.

—Ejem...

Richelieu se quitó la peluca y se la puso a Leonor.

—Ejem, hace mucho calor.

Y acto seguido:

—Habrá tres columnas de asalto. El conde de Laval se ocupará de los reductos de Anstruther, Argyll y de la Reina. Constituirá el ala izquierda, compuesta por 16 compañías de granaderos. Debes llevar el peso del combate.

Gesticulaba frente a la maqueta, ordenando la acometida imaginaria.

—Vosotros tres iréis con él —añadió.

Se refería a los marqueses de Monty, Briqueville y Sade.

—La columna del centro —prosiguió después— estará al mando del príncipe de Beauvau. Tienes que embestir aquí, contra el reducto Carolina y el reducto del oeste. El conde de Lannion y el marqués de Monteynard se encargarán del flanco derecho. Arremeteréis al fuerte de Marlborough y la luneta sudoeste. Mientras, el marqués de Roquepine y el teniente Pignet-Guelton habrán embarcado en seis chalupas, con 500 voluntarios, y llegado aquí, al pie del fuerte San Carlos. Han de sorprenderlo y avanzar por la orilla hasta topar con vosotros.

Clavó la vista en Dasi quien, como todos, había escuchado con esmero.

—¿Qué te parece?

—Muy arriesgado.

—Ésa es, precisamente, la clave del éxito.

—¿Y el cuartel general? —preguntó Domènec.

—Ah —sonrió el mariscal—, no te preocupes, tú estarás junto a mí, con Mallebois, Du Mesnil y el príncipe de Wurtemberg, aquí, en el centro del flanco izquierdo.

La expectación era tan intensa que habría podido cortarse con un cuchillo.

—¿Alguna pregunta?

Incluso contenían la respiración.

A una señal de Richelieu Leonor se levantó. Antes de emprenderla a coces contra la maqueta restituyó la peluca al mariscal. Iba descalza, pero aun así el modelo quedó visiblemente dañado, sus muros derribados, reducido al núcleo central. Sólo entonces repararon que se trataba de una tarta gigantesca.

Estalló la risotada general. Hubo vivas a Francia y al rey Luis XV.

Y se repartieron el pastel.

17. Que cuenta la toma de San Felipe y lo que le aconteció a Diodor.

El domingo, a hora avanzada, las huestes se concentraron en la calle mayor del Arrabal. Domènec ocupó su puesto en la retaguardia, pero mosén Martí Dasi, pese a su edad avanzada, se alistó en infantería, en la columna de Monty, acompañado por el negro.

Al oscurecer Dasi corría bajo fuego infernal hacia los reductos Anstruther y Argyll. Con el negro y unos cuantos bravos franchutes apoyaron la primera escala en el muro. Muchos otros les imitaron, cuando ya el moreno empezaba a trepar. Entretanto, Briqueville y Sade arremetían contra la luneta Kane y el reducto de la Reina.

Las bajas eran considerables. Tres veces Dasi fue arrollado por cuerpos que se desplomaban de lo alto. Los cadáveres ablandaban su caída. Pero el negro seguía arriba, a cubierto del parapeto, inerme, porque las escalas resultaban fatalmente cortas para tan elevada muralla. Una dificultad insoluble. Monty se mesaba el cabello, ya perfectamente despelucado.

Entonces Dasi, acostumbrado a vérselas con la muerte, se armó de valor. Clavó su bayoneta en el intersticio de dos piedras, se encaramó a las espaldas del negro y alcanzó el antepecho. Allí hubo de luchar denodadamente con adversarios que derribaba a patadas y culatazos. Disparó su pistola. Esquivó a uno que fue a parar al vacío. El negro ya estaba a su lado. Los demás hincaban también el machete y saltaban a hombros de sus compañeros. Pronto inundaron las almenas y los ingleses se batieron en retirada.

El negro acosaba a un soldado membrudo, de rostro familiar. Dasi se limpió la sangre que le salpicaba los ojos. Sí, era Diodor. Quería gritar que no le matara, pero la voz no le salía de la garganta.

Le tenía acorralado. Sonrió, con los colmillos blanquísimos destacados entre los labios retintos. ¿Dónde estaría Emilia, su madre?

Diodor hizo marcha atrás. No parecía intimidado. El otro avanzó, seguro, fue a traspasarle y saltó hecho añicos por los aires. En seguida se produjeron cientos de detonaciones iguales. El campo estaba minado.

Mosén Martí Dasi siguió a Monty hasta el camino cubierto, donde prendieron al teniente coronel Jefferies, principal ayudante de Blakeney.

Los granaderos de Briqueville y del marqués de Sade tomaron, entretanto, el reducto de la Reina. Pero no aprovecharon la coyuntura para hacerse con la luneta Kane, desde donde los britanos continuaron disparando mortíferamente.

Pese al fuego nutrido que descargaban, el príncipe de Beauvau se apoderó con dos brigadas de los reductos del oeste y Carolina. Inutilizó doce cañones y arruinó la construcción. Luego ordenó guarecerse a sus hombres.

Las brigadas Real y de Bretaña aguantaban abuzadas el bombardeo endiablado, esperando la señal de Roquepin. Pero el viento había demorado las barcas. Quedaron a merced de los defensores. Y a fe que las acribillaron y echaron a pique sin compasión. Piquet-Guelton tenía cinco balazos y el capitán Talouet también había sucumbido. Los hombres nadaban a la desbandada.

Parapetado junto a Monty, mosén Dasi atendía las continuas descargas, que ellos se afanaban en contestar. Laval se había adueñado de los reductos del este y los ingleses no podían contraatacar.

Hacia la una los estallidos comenzaron a distanciarse. Menguaron los tiros de mosquete. Antes del alba un silencio sepulcral dominaba el campo de batalla. Un hedor de muerte se desprendía de los cascotes. Cadáveres de ambos bandos yacían hermanados, hechos guiñapos, irreconocibles. El tufo nauseabundo de pólvora y sangre tenía al viejo Dasi completamente mareado.

Sólo entonces distinguió un resplandor límpido entre tanta desolación. Emilia se presentó con una telilla transparente y una sonrisa en los labios que realzaba su hermosura.

—Eres un viejo testarrón —le dijo.

Y dejó que reclinara la cabeza en su pecho y conciliara, finalmente, el sueño.

Cuando despertó reposaba en un lecho mullido, en un aposento del alcázar. Richelieu le sonreía, empelucado y fragante, materialmente cubierto de gloria.

—Enhorabuena —indicó—, la infantería ganó la batalla, *mon capitaine.*

En efecto, aislado en el centro de la plaza, descorazonado y exangüe, Blakeney había tenido que gestionar la rendición. Se firmó el 29 de junio. Las tropas vencidas salieron por la puerta grande, con banderas y tambores.

Cuando Blakeney ofrendó su espada, bajo un sol chispeante, el duque de Richelieu le abrazó como un hermano.

Diodor se había ocultado en las salinas. Habían puesto precio a su cabeza, acusado de dar muerte al conde de Laclermeille. Hubo de reunir en secreto a sus apoderados, para reorganizar sus negocios ante el cambio de situación. El capitán Martí Dasi, creyendo a su hijo a salvo en Inglaterra, guardaba silencio.

Moza tornó a regentar las tabernas, pues no había cargos contra ella. Una tarde estaba con Julián en las salinas cuando avistaron una comitiva francesa que se aproximaba por el camino. Diodor apenas tuvo tiempo de decir adiós. Desenterró el cofre, al pie de la roca en forma de elefante, vació las joyas y lo llenó de sal para volver a sepultarlo. Al anochecer fletó un pingue hasta Gibraltar, desde donde huyó a Londres.

Pasaron meses sin que supiera de los suyos. Alquiló una modesta vivienda frente al Támesis, a donde fue a verle doña

María, la hermana del doncel don Domènec, ya mujer madura, pero todavía doncella.

—Tu hijo se está haciendo un hombre —le informó—. Y Moza se encuentra bien.

—¿La molestaron?

—No mucho.

—¿Y doña Catalina?

María sonrió. No se interesaba por sus padres, ni por su hermano.

—Mosén Dasi se conserva a maravilla, lo mismo que doña Ana, Domènec hace juegos malabares con sus tres dedos...

—¿Y doña Catalina?

—Todavía te ama.

—¿Lo sabías?

—Sí.

Silencio.

Luego:

—Don Juan va para escritor, estoy segura.

Diodor no la escuchaba.

Dijo:

—El gran error de mi vida es no haber sabido conquistarla.

Y se quedó ensimismado.

Los franchutes habían interrogado a Moza. Dijo que Diodor había liado el petate, pero que ignoraba dónde andaba. La detuvieron.

Un jayán la agarró por la melena y, aupándola, la botó sobre los cochambrosos mazaríes de la celda. Era una mazmorra húmeda y pestilente, donde permaneció muchos días a oscuras. Le daban agua y una bazofia que le revolvía las tripas. Al cabo, el carcelero la condujo a un cuartito encalado y pulcro, con un ventanuco lleno de luz diáfana. El hijo de Laclermeille la abofeteó, le arrancó la ropa a tirones, abusó de ella. Pero como no sabía nada, terminaron por soltarla.

—Moza está bien —volvió a decir doña María—. Ha recuperado su galanura. Yo creo que siempre fue más hermosa que doña Catalina.

—Cuánto habrá sufrido por mi culpa...

Diodor vivía humildemente. Ya no se relacionaba, como antaño, con personajes influyentes. Las aguas mansas del Támesis le hacían sentir añoranza del mar. El amor de doña Catalina seguía siendo su mayor ilusión, aunque ya no pensara robársela a su hermano.

En las gélidas noches londinenses revistaba su pasado. Se veía niño, bregando por traer un poco de pescado a su mísera casuca. Dasi venía a favorecerle, como para hacerse perdonar haberle engendrado y dejado en la estacada. Evocaba su mocedad, cuando viajó por medio mundo en busca de fortuna para ganarse la felicidad. Y luego, en el punto que pudo correr parejas con los señores más linajudos. Para acabar luchando por un imperio que no le había dado la vida, pero sí la oportunidad de vivir dignamente.

Pero volvería a la isla de Menorca. Tomaría posesión de sus tierras y riquezas. Abrazaría a Moza, a su hijo, tal vez un encuentro furtivo con doña Catalina. Envejecería junto a todo cuanto creyó digno de su esfuerzo. Comería la sal de sus salinas y sería enterrado al pie del elefante rojo, para que su cadáver nunca llegara a pudrirse.

Un día tornó a sentir el hálito de la juventud. Se fue a Francia, encubriendo su identidad. Se hizo amigo de Laclermeille. Tras meses de confraternidad, nadaban en el foso cuando confesó su nombre verdadero.

El mucamo quiso despacharle, a una orden de Laclermeille, pero Diodor, más corpulento, le dejó en el sitio.

—Yo no maté a tu padre —declaró.

Pelearon en el puente levadizo, en el corredor, en la explanada. Diodor le llenó de cuchilladas. Le marcó por Moza, por San Felipe, por Byng, que era reo de muerte, por Blakeney... Y en lugar de rematarle, se bajó las calzas y le cagó en la jeta.

Desternillándose de risa, tomó las de Villadiego.

Regresó a su morada londinense, donde el tiempo transcurría lánguido, tedioso, como las aguas del Támesis. Salía de noche, roído por la nostalgia. Caminaba hasta Westminster para escuchar la sonorosa campana de las horas. Le parecía que las efigies de piedra eran hembras allegadas, como Moza o Emilia. Subían a las azoteas desafiando la nieve. Bailaban, cogidas de las manos, suelto el cabello, los pies descalzos, como si estuvieran en un playado mediterráneo.

Deambulaba, meditabundo, hasta uno de los puentes que cruzaban el río. Observaba la luna, perfectamente redonda, con el perfil de Emilia sobre su faz amarilla. Se estremecía. Bajaba la vista a las negras aguas, que engullían los fluctuantes copos de nieve como una bocaza. Avistaba, muy lejos, la conocida silueta de doña Catalina. Venía a su encuentro ágil y tierna, con las carnes mantecosas de los quince años doradas por el sol de Agua Fría. A punto estaba de quitarse la capa, zambullirse, beber la sal de su boca fresquísima, de sus durísimos pezones, revolcarse con ella y sobre ella como en otro tiempo y otra orilla. Pero sabía que no era más que un espejismo.

Fue cuando decidió desafiar al mundo, como había hecho siempre, pese a que ya no era un niño, pues tenía más de cincuenta años. Regresaría. Se presentaría al conde de Lannion, gobernador francés. Yo no maté a Laclermeille, le diría.

Y como lo pensó, lo hizo. Arribó a la isla el mes de febrero. El tiempo era tan desapacible como en pleno corazón de Inglaterra. Soplaba viento muy recio de tramontana. Había embarcado en un jabeque, fingiéndose italiano, y estuvieron a punto de zozobrar frente al cabo la Mola.

Había dormido lindamente, a pesar del temporal. Se levantó temprano, para otear el agreste litoral con el primer albor. Percibió una nube de gaviotas, como agüero funesto. La masa imponente de la Mola parecía la cabeza de un gigante. El cascarón cabeceó una vez más y, aparentemente, el coloso abrió sus quijadas de piedra.

Pero salvaron la bocana y, morosamente, fueron adentrándose en el puerto magnífico. El corazón le dio un vuelco cuando pasaron ante San Felipe, sobre cuyos grises torreones destacaba el pendón francés.

Cuando saltó a tierra estimó que, pese a la fuerte guarnición extranjera, pocas cosas habían cambiado. El pueblo conservaba sus costumbres y aun sus libertades, por mucho que ahora pagaran en duros españoles.

Entró en la taberna y se sentó a una mesa, con la cabeza entre las manos, para no ser reconocido. Pronto notó unos pasos familiares, un escote peculiar, una voz archisabida que le preguntaba qué se le ofrecía. Y antes de quitarse el sombrero de un manotazo se levantó como exhalación y abrazó a Moza por la cintura, aplastándole los pechos turgentes contra su camisa.

—Acostarme con la patrona —dijo.

—¡Diodor!

18. Que cuenta la muerte de mosén Martí Dasi, y la vida en tiempo de los franceses.

Mosén Martí Dasi se encontraba a sus anchas con los franceses. Tal vez la edad le había cambiado tanto que no quedaba nada de aquel oficial gallardo, saltabardales, amistado con la muerte, liberal y anglófilo. Ahora casi prefería el doncel don Domènec, vástago inútil, indolente y cobarde, a Diodor, que había medrado con su propio denuedo. De haber confesado que mató a Laclermeille nadie se habría atrevido a levantar un dedo contra él, amigo íntimo de Richelieu, de los ingleses o de quien se terciara. Pero calló, acaso para que Diodor no le echara en cara su deserción, o para evitar que raptara a doña Catalina.

Seguramente por la fuerza de aquel amor casi platónico, ciertamente prohibido, doña Catalina se mantenía tersa, cimbreante, los ojos vivísimos, como una adolescente. El pelo intensamente negro, larguísimo, muy lacio. En cambio Domènec estaba tan aviejado que parecía su padre.

El capitán, ya todo un carcamal, aún hacía de las suyas en materia de amores. Todavía desnudaba a las muchachas con la espada, y embarazaba las frentes de los destripaterrones con magníficos pares de cuernos.

Ahora Dasi vestía a sus furcias con trajes vistosos, acordes con las ropas versallescas impuestas por el invasor. Les proporcionaba pelucas vaporosas, lunares postizos, cosméticos. Lo cierto es que las negras prendas tradicionales habían dejado de usarse incluso entre las damas más recatadas. Celebraba bailes frívolos en los rancios salones del palacio Eleazar o en Agua Fría. Turbaba la paz de los muros y muebles seculares, ofendía la faz corroída de los espejos, la gravedad de los retratos con desfiles de mundarias emperifolladas, pintarrajeadas y con el pecho prácticamente desnudo por lo extremado del escote.

128

Emilia también se engalanaba. Venía de bracete con el capitán, ante las propias narices de doña Ana, que estaba caduca, con el cabello cano, marchita, esquelética. Era una de las pocas que no había renegado del rebocillo, el jubón y la basquiña ancestrales.

El capitán Martí Dasi danzaba con la muerta. La concurrencia cerraba un círculo a su alrededor. Doña Ana catiteaba, con una sonrisa velada en los ojos. Se pellizcaba la piltraca de la papada y la estiraba como cuerda de violín.

—¿Saben? —cuchicheaba—, le llamaban «pichita de oro».

Reía, ji, ji, antes de añadir:

—Pero viéndole bailar con la muerte comprendo que no habrá para mucho rato.

Fueron palabras proféticas, porque el caballero estaba a punto de dejar este mundo. Pero antes de dar las boqueadas aún hizo otra de las suyas. Una calorosa mañana de agosto rogó a doña Catalina que se bañara, perfumara y sujetara con un lazo sus cabellos larguísimos, para evitar que barrieran el suelo. Se pintó los ojos, coloró sus mejillas y labios. Envuelta en capa de seda, con los pies descalzos, la llevó al burdel de la calle San Juan, donde el doncel dormía la mona tras una de tantas jaranas, la panza prominente balanceando entre silbos y retumbos.

Dasi le despertó con un cubo de agua. Al punto doña Catalina empezó a columpiarse, para dar a entender al marido atocinado lo que se perdía. Con el filo de la espada el capitán cortó el fiador de su manto y aun el cordón de su cabellera. Estaba soberbia. Sonreía, intangible, y escapaba a la calle vestida de cabellos. Se tiznaba en el boliche del carbonero. Se pringaba de escoria en la herrería. Penetraba en la iglesia, para escándalo mayúsculo.

Cubierta con una manta era devuelta al burdel, donde Domènec lloriqueaba su impotencia. A saber cuántos paletos habrían profanado el cuerpo de su esposa.

Mosén Martí Dasi estaba apoyado en una columna, sonriendo bajo el bigote. Doña Catalina le hizo un leve reproche, tentándole con el codo, y se desplomó de una pieza. Le tomaron el pulso y se dejaba hacer como un muñeco. Le aplicaron el oído al pecho. Nada, ni un latido. ¿Así que eso era la muerte? Había finado en pleno regocijo.

Más adelante supieron que, aquella misma mañana, había remitido misiva al gobernador confesando, de su puño y letra, haber dado muerte al conde de Laclermeille. Diodor fue públicamente rehabilitado, poco antes de su regreso.

Moza le dijo:

—No tienes nada que temer.

—De todos modos será mejor guardar la cara.

Los franchutes no habían de olvidar fácilmente sus correrías de corsario.

Habían platicado en un rincón de la taberna. Moza preparó la mesa, junto con dos sirvientas que tenía. Comieron lentejas. Escanciaron abundante vino. Cuando el morapio les había vuelto lenguaraces, entró un joven espigado, de larga melena rubia y ojos verdes, con la espada terciada al cinto, como perdonavidas, y una hembrita agarrada del talle.

—Me la he sacado a los dados —dijo con regocijo.

La maja iba descalza y era pilonga.

Diodor le vio trincar media jarra de una tragantada. Ahí tienes, pensó, pasas años en el mar, en la guerra, amas a una dama ideal, robas y matas, tienes una hembra a tu medida y, al cabo de los años, te encuentras con la imagen deformada de ti mismo.

Le quedaba media cucharada de lentejas. Preguntó, por preguntar:

—¿Quién es?

—Es tu hijo Julián.

Se abrazaron. Apenas tendría dieciocho años y ya era un guapetón. Desenfundaron. Intercambiaron diestras espadadas, evolucionando por toda la estancia. Sí, también sería buen campeador.

130

—Con un poco de suerte —concluyó Diodor, sentándose junto a su hijo—, volverán los ingleses y podrás lucirte en combate.

Devoraron un cabrito asado. Las mujeres, ajumadas, pablaban de amores. Medían el alcance de sus encantos. Los hombres pasaban revista a sus fantasías.

—Yo me las gano a los dados —dijo Julián—. O en pelea desigual. Me gusta asaltarlas de noche en cama regalada. Tumbarlas en un prado. Robarlas la virginidad. Hincó el diente en el cuello de la hembrita.

—¿No es cierto?

—Pues claro.

—El corsario Diodor tiene un hijo pirata —pensó el padre en voz alta—. ¿De qué otro modo podía ser?

—Qué diferencia —prosiguió— con aquel otro muchacho, don Juan, hijo del doncel y de doña Catalina, que ya debe de ser escritor. No sólo el hombre es hijo de sus obras, como decía Weekdale, sino también sus descendientes.

Tenía la cabeza atochada de vino. Salió a la puerta, dejando a los demás sumidos en la promiscuidad de la mesa y los instintos primarios. Ahí estaba el puerto, como siempre. Se habían ido los comerciantes extranjeros y se notaba cierto declive mercantil. Pero en cambio, qué galanura en los vestidos, qué colorido. Qué majestad la de los navíos y fragatas anclados en el apostadero. Ante sus ojos desfilaron imágenes de otro tiempo. Otros barcos, otras banderas. Vio caminar a Emilia sobre las aguas cristalinas, dulcemente asida de mosén Martí Dasi. Ella con el cabello azabache poblado de reflejos, y él con uniforme de general inglés. Muchas cosas empiezan a estar en su sitio, acabó pensando Diodor. El espectro de mi padre vuelve a ser anglófilo. Y cerró la puerta a la luz del día para gozar al fin de su mujer.

Desde un prudente anonimato fue reorganizando su vida, sus negocios. Instalado en las salinas, recibía allí a notarios, apoderados y amigos íntimos. Pero era tan conocido, y hasta respetado, que no pudo permanecer ignorado mucho tiempo. Un día le fue transmitida invitación oficial para asistir a una recepción en el palacio del gobernador.

Lannion se mostró amable. Nadie le guardaba rencor. Al fin y al cabo, si la Gran Bretaña había robado muchos barcos, ellos le habían usurpado la isla. Pero Diodor sabía que no eran los britanos, sino él personalmente, en nombre del Imperio, quien había expoliado a sus anfitriones. Pensó que su cordialidad era mera cortesía diplomática y decidió que, mientras no hubiera algo peor, sería sagazmente encantador.

Vestía a la francesa, con peluca y todo. Acudía a conciertos, bailes, celebraciones religiosas llenas de boato, fiestas campestres en honor del rey o madame de Pompadour. Llevaba calzas de seda, y bastones con empuñadura de plata. Moza, tan lozana como siempre, se ponía costosos vestidos, y encontraba continuas excusas para agacharse y enseñar las tetas hasta la misma punta de los pezones. Entonces los marquesitos y condesitas adolescentes ponían la boquita redonda en un ¡oh!, entre escandalizado y divertido, pues en su vida indolente y regalada no tenían nada peor de qué espantarse.

Cuando en 1761 se inauguró la villa cuadriculada y alba de Sant Lluís, en honor del rey galo, Diodor y Moza se encontraban entre los próceres, y habían donado un retablo para la iglesia. Contribuyeron, asimismo, a costear equipos de doctores que analizaban las aguas y atendían a los enfermos de fiebres, disenterías o pulmonías. Precisamente el conde de Lannion falleció a consecuencia de una neumonía, en 1762. Diodor fue de los que encabezaron el sepelio, al que acudió gran multitud.

Entretanto, en Ciutadella, doña Catalina languidecía esperando la visita del amor. Domènec dilapidaba el patrimonio familiar. Doña Ana anhelaba cada anochecer que fuera el último de su vida. Don Juan se consagraba a la cultura y al arte. Doña María se extraviaba entre sus devociones y su virginidad caduca.

En las noches estivales doña Catalina bajaba a la playa de Agua Fría. Envuelta en un manto de tul, el cabello suelto, los ojos abiertos a gratos recuerdos. Se sentaba en la orilla, sintiendo en los pies la caricia renovada del mar, como suaves lengüetazos de un perro fiel. Recibía la brisa en el rostro, en el pecho aguzado y durísimo, como en plena adolescencia. Contemplaba su cuerpo con delectación. Siempre había sido esbelta. Se había conservado eternamente joven. Nunca tuvo ese pecho excesivo, como Moza, sino tetas menudas, firmes, que apenas se desplazaban con el más brusco vaivén. Siempre había sido hermosa.

Había desaprovechado su existencia junto al doncel mandria y apático. Le había entregado su juventud en aras del qué dirán, del falso recato. Ah, qué a punto había estado de emanciparse en Inglaterra, cuando pasaba de mano en mano, entre soldados y aristócratas. Cuando Diodor fue a llamarla, recién desposada, desde el portal del palacio Eleazar.

—Te quiero a ti —le dijo.

Y escapó corriendo.

No debió escabullirse. Mejor dicho, sí. Debió fugarse con él, dejar al doncel, a todo el pueblo, con un palmo de narices. Embarcar en una nao corsaria. Vestir calzón bombacho, el torso desnudo, dorado por el sol, un pistolón al cinto. Conocer el abrazo de jayanes zamborotudos, lobos de mar. Caer rendida de vino, de cansancio. En las tabernas de Diodor, encima, o debajo, de un montón de cuerpos temulentos. Asociarse con Leonor para engatusar a anglos y gabachos. Libre como un pájaro. Viajar a Rusia, tener un hijo pirata, envejecer. Si al menos se hubiera aviejado. Si no fuera tan bonita, tan útil para el amor.

Una de aquellas noches, corría el verano de 1763, Diodor llegó cabalgando a Agua Fría. Descendió por senderos archisabidos, bajo la luna de plata. Veredas que no pisaba hacía años. Se acercó a doña Catalina. Sentada a orillas de su sueño, cubierta con una leve gasa. Al frente el acantilado que cercaba la cala, nebuloso, expectante, como titán mitológico. La inmensidad del mar ronroneante, la profundidad de la noche.

Abrazó a la amada por detrás, estrujándole el pecho. Ella sonrió. Reconocía su mano. Se dio la vuelta, como hechizada. Diodor tampoco había cambiado. Se besaron. Rodaron por el suelo. Las carnes del hombre eran recias, su piel atezada. Se amaron dentro del agua, como en los tiempos feroces de la mocedad. Radiantes, arrebatados, como rapaces.

Poco tiempo después, el 3 de julio, la escuadra inglesa arribaba al puerto de Maó, al mando del almirante Brest. Venía a tomar posesión de la isla, en virtud del tratado de paz con Francia, tras la guerra de los 7 años. Al día siguiente se retiró la expedición francesa. El teniente general lord James Johnston fue nombrado gobernador.

19. De los cuidados de don Juan y los celos del doncel.

Últimamente don Juan había salido de su retiro para ir a estudiar tardíamente a Avignon. Doña Catalina había zamarreado al doncel para que diera su autorización, pues no quería que el hijo fuera un intelectual frustrado. Pretendía estudiar derecho.

—Lo que quiere es juerguear y pelar la pava con alguna gabachita —argüía Domènec—. Que no es que se lo reproche.

Pero don Juan aprovechó el tiempo en Avignon. Frecuentó tertulias literarias con algunos mahoneses que estaban llamados a ser hombres ilustres. Descubrió el neoclasicismo, que lo impregnaba todo en aquellos días. Se puso al corriente en materia de lecturas. Devoró a Voltaire, Molière, Beaumarchais, Fénelon, Young, Addison, Goldoni, Metastasio, Moratín, Virgilio, Cicerón, poseído por la fiebre de estar al día. Incluso escribió un drama heroico en lengua catalana, incorporando modismos propios de la isla de Menorca, y recogiendo costumbres locales, con el tema de la libertad como fondo.

Se titulaba *Els ilotes* y era un canto a la autodeterminación de su pueblo, una apología de lo autóctono. Consiguió representarlo cuando regresó a la isla, al comienzo de la segunda dominación inglesa. Se estrenó en Maó, foco de ilustrados, hijos de mercaderes enriquecidos que, como él, se habían instruido en Avignon o Montpellier.

Els ilotes despertó el entusiasmo de los Ramis, Joan Soler y algunos letrados extranjeros que estimaron a don Juan como uno de los suyos. Le participaron el proyecto de fundar una Societat de cultura de Maó, con amplia biblioteca y local para conferencias. Traducirían a los clásicos y a los autores de más rabiosa actualidad. Dedicarían su esfuerzo a la historia, la literatura, la lengua, las ciencias y la cultura en general. Todo, desde los estatutos al último apóstrofo, en catalán.

Con aquellos ilustrados pasó don Juan los mejores días de su vida. Olvidando su origen aristocrático incluso se acercó a Diodor y a su hijo pirata, a quien llamaban «el mahonés». Julián era la encarnación del héroe popular, arquetipo para el nuevo drama que pensaba escribir.

Sólo por aquella prerrogativa que concedía el invasor de cultivar la propia lengua, se hizo profundamente anglófilo. Pese a que los britanos no gozaban a la sazón de consideración pública precisamente. Llegó a asegurar que defendería San Felipe, si volvía a producirse un asedio de la fortaleza.

—No lo digas tan alto —replicó Diodor—. Podría tomarte la palabra.

Eran años malos para la isla. Los tiempos felices del gobernador Kane parecían haber concluido definitivamente. Lord Johnston no resultó buen regente. Altivo, obstinado en materia religiosa, codicioso. Bajo la perniciosa influencia de su mujer, atenta sólo a su propio provecho. No hizo nada por merecer el aprecio de los indígenas. Incluso pretendió recortarles las inmunidades y privilegios tradicionales. La miseria azotó la colonia y aquel pueblo aferrado a su tierra se vio en la necesidad de emigrar. Graves epidemias contristaron el luminoso paisaje mediterráneo.

La sombra de Emilia ya no era galana, sino lúgubre, angustiante. Aún se dejaba ver en los salones, en los dominios agrestes de Agua Fría. O en las salinas de Diodor, sobre el manto fosforescente de la sal. Cierto que todavía aparecía joven, bella, insinuante. Pero vestía negros harapos que delataban la desnudez de su cuerpo entre los jirones, sus muslos largamente respetados por la muerte. Y tenía un rejón clavado en el pecho, con la punta asomando por la espalda, llena de sangre cuajada.

El espectro del capitán Dasi la acompañaba. Vagaban por

su palacio, reconstruido por los ingleses. El caballero fallecido penaba su vida regalada, envejeciendo a pasos agigantados. Magro, la piel apergaminada, holgado el uniforme inglés. La barba plateaba sus mejillas enjutas. Los ojos vitrificados, ocultos por verdaderas rosas de piltrafa.

Emilia le quitaba el sable, sin que pudiera hacer nada por evitarlo con sus tardos movimientos. Le desnudaba a base de hábiles cuchilladas, como había hecho él con tantas mujeres. Tras molinetes, floreos y estocadas le dejaba reducido al esqueleto recubierto de piel en que se había mudado su cadáver. Humillado, tratando de esconder la masculinidad colgante entre sus manos temblorosas, llorando lagrimitas seniles, implorando:

—Por piedad, devuélveme la espada.

Y Emilia se reía, blanca como la cera, pero lozana, con las tetas hinchadas de leche a reventar. Se arrancaba el venablo del pecho y consentía que sorbiera de sus pezones doloridos, necesitados de ordeño, en mamada sonora, prolongada, como un niño. Aquello le vivificaba un tanto.

Las súplicas de doña Ana fueron pronto escuchadas. Una tarde de marzo de 1765 empezó a tiritar y tuvo que acostarse. La arroparon con varias frazadas, mientras la fiebre agarrotaba sus articulaciones y desquiciaba sus ojos de las órbitas. Perdió noción de sí misma. Comenzó a desvariar. Veía a su marido mucho más viejo de lo que era cuando feneció. Confesó que le había conocido antes del matrimonio, representando el drama de ciertos amantes de Verona. Afirmó que don Juan era, efectivamente, hijo de Diodor, a quien confundía con el capitán.

—Ji, ji —reía—, le llamaban «pichita de oro», ji, ji.

Preguntó al capellán, cuando le daba la extremaunción:

—¿Se acuerda de la patada que le encajó en el casamiento? Pero era otra cura y no podía recordarlo.

Su agonía duró dos semanas. Aunque parecía extraordinariamente decrépita, cuando expiró sólo tenía 68 años. Fue llevada en solemne procesión a la iglesia mayor para enterrarla.

Pocos días más tarde lady Cecili, la mujer del gobernador, recontaba avaramente sus tesoros a la luz de un candil. Una mano descarnada le robó la sonrisa de satisfacción. Apenas un leve roce y la garganta de la dama quedó embutida de hielo. Se dijo que había sido el fantasma justiciero de doña Ana, aunque nadie lo vio. Lady Cecili no llegó a perecer, pero jamás olvidó tan terrible suceso.

Se sucedían los años malos. Las sequías agravaban la desdicha de los payeses. Emilia, enlutada, y la sombra provecta del capitán vagaban por campos agostados, de árboles renegridos, como dedos crispados clamando justicia.

El doncel don Domènec residía casi permanentemente en el burdel, apesadumbrado por los desdenes de su mujer. El patrimonio familiar desmedrado, don Juan en Maó, cerca de Diodor, doña María, la doncellez enjuta, confidente de doña Catalina en sus amores prohibidos; todo era infamia a su alrededor.

Si alguna vez acudía a su aposento del palacio Dasi, hallaba el lecho frío. Se mesaba los escasos cabellos encanecidos. Qué jugarreta de la vida. El hermano bastardo, miserable, le había aventajado en riqueza, en gallardía, le había robado su esposa, que conservaba la frescura de los 20 años, su hijo. ¿Qué otra cosa le quedaba?

Espiaba la llegada de doña Catalina. Venía rozagante. Se desvestía al pie del tálamo, todas las velas encendidas. La camarera cardaba su cabello larguísimo. Qué tersura la de su cuerpo esbelto, sus formas mórbidas.

Se acostaba, perfumada, envuelta en leve gasa. Dormía plácidamente, la respiración pausada, una sonrisilla en los ojos entornados, plagados de pestañas. Lo advertía gracias al leve rayo de luna que penetraba por la ventana, tras abrir los postigos. Qué fácil ahora, razonaba, pasando la hoja helada de su estilete por la garganta de cisne, tan apetecible. Podría disimular el crimen. O si le ajusticiaban, qué más daba, era preferible sacudirse el yugo de su desdén a tener que vivir avergonzado. Cortaba el tul de su camisa. Qué dulzor, la sangre saltándole a los ojos, el cuchillo hundido hasta la empuñadura. Pero lo envainaba, tristemente. Por qué matarla, tan hermosa, tan ausente, si podía cargarse a Diodor, se engañaba.

—No te atreves.

Doña Catalina abría, súbitamente, los ojos. Quería huir, pero se quedaba clavado en el suelo.

—Siempre fuiste un cobarde.

Sonreía. Prendía una candela.

—Te dije que era una furcia, antes de casarnos.

—Pensé que un día me amarías.

Le ceñía el cuello con la mano. Sentía el flujo de su sangre.

—Aprieta.

—¿Me quisiste alguna vez?

—No.

Oprimir. Abofetearla. Patearla.

—No voy a matarte. No vale la pena.

La agarraba del pelo y, alzándola en vilo, zas, segaba la melena con el puñal. La soberbia cabellera azabache, prolongada hasta los talones, se desmayaba como cobra muerta. Un manojo de pelos truncados en la cabeza de doña Catalina, una mueca de gata en celo su cara.

—Tenías que cortar más abajo.

Se hizo igualar el cabello. El cráneo redondo, los carrillos rosados, estaba más bella que nunca. Como un mancebo encantador. No se ponía peluca, para que todos supieran que su marido era cornudo. Domènec se refugiaba en el burdel. Si al menos doña Ana viviera, o mosén Martí Dasi. Cabía apostarse en un vericueto, con una partida de bandoleros, y derribar a Diodor del caballo cuando acudiera a deshonrarle.

Fue lo que hizo. Cuando la silueta del jinete se recortó sobre la luna de plata, tres gañanes se abalanzaron sobre él.

Tres hombrachos a quienes la vida no importaba un pitoche. Le arrimaron a una encina, sujetándole de los brazos. Pero Diodor, que conservaba toda su pujanza, despachurró a dos contra el tronco. Al tercero le abrió la cabeza en canal. Le quitó la peluca al doncel de un manotazo. Pero no hizo más. Antes de alejarse cabalgando, le dijo:

—La quiero. No puedo evitarlo.

Domènec comprendió la esencia misma de lo que le había sido negado, el amor. Nunca conoció el amor. Su mujer sólo se le había dado a préstamo. Tal vez don Juan fuera, efectivamente, su hijo, pero el plazo había terminado. Sabía de sus contactos secretos en las salinas. Acaso se atrevería a matarla. Meter su corazón en sal, al pie del elefante rojo. ¿Tendría suficiente vigor para, una vez cometido el asesinato, arrancarse el suyo propio? No era probable. A menos que la sombra de Emilia le hundiera la mano en el ojal del pecho para arrebatárselo.

Pasaban los años, todos adversos, todos iguales. El teniente general Sir James Murray era aún más codicioso que los gobernadores anteriores. Se había demolido el Arrabal, para paliar el desempleo, pero también para desembarazar las defensas de San Felipe. Se levantó una villa rectangular en torno a la explanada dieciochesca, orlada de cuarteles y pabellones. Prolongada hasta el calmoso puerto de pescadores, la consagraron a Su Majestad Jorge III con el nombre de Georgetown. Pero los menorquines la llamaban Arrabal Nuevo. Otro pueblo, erigido al mediodía por vecinos de Ferreries, se había dedicado a San Cristóbal.

Don Juan había camelado a Delia, hija del doctor Perceval, una muchachita delicada como una clavellina, frágil y sensual. Compartía asimismo su afición al estudio. Tras un año de casados, Delia se halló en trance de muerte para dar a luz un enorme varón, al que llamaron Andreu. Don Juan decidió que no tendrían más descendencia. Se esmeró en su trabajo, contento de que su retoño hubiera nacido en 1778, año en que se fundó la Societat de cultura de Maó, a la que tanto contribuyó. Traducía, preparaba debates eruditos, intervenía en las sesiones públicas. Sin dejar de adorar a su mujer, que colaboraba en sus monografías, y al hijato, que crecía raudo como un héroe épico. Era feliz. Tenía cuanto había ambicionado. Para otro quizás fuera muy poco, pero él lo consideraba un dineral.

20. Donde prosigue lo anterior, con el pillaje de Julián y la Oficiala.

En 1778, precisamente, estalló la guerra con Francia. Murray barruntó la ocasión de enriquecerse y de reanimar el comercio, solventando la crisis. Concedió más de 50 patentes de corso.

Diodor creyó revivir sus años de aventura, cuando floreció su fortuna y se ganó el respeto de sus conciudadanos. Con el doctor Perceval, el notario Picurd y otros señores fletó uno de los mejores barcos que se armaron, aventajando quizás a las fragatas *Minorica* y *Porcupine*. Don Juan participó en la empresa, y asimismo doña Catalina, de tapadillo. Le pusieron el nombre de *Capitana* y la confiaron a Julián, que igualmente tenía parte en el negocio.

La *Capitana* embarcaba 120 hombres y 22 cañones, con algunos pedreros. Había tres tenientes, un cirujano, dos patrones para los laúdes auxiliares y una sola mujer. Como antaño Moza fuera la compañera de Diodor, una muchacha rubia, fortachona y, cómo no, exuberante era la enamorada de Julián. Se apodaba «Oficiala». No se fajaba los pechos, pues los tenía sólidos y no tan macanudos como Moza. Se le insinuaban las puntas durísimas de los pezones bajo la tela ordinaria de la camisa. Solía llevar pantalón arremangado, un tanto ceñido, los pies descalzos. Era tan valiente y sanguinaria como cualquier cangallo de la tripulación. Pero extremadamente hermosa. Vestida de sedas y brocados habría hecho sombra a doña Catalina en la flor de la edad. Trigueña, los ojos muy grandes, oscuros, labios voluptuosos, el óvalo de la cara perfecto.

La fragata *Capitana* efectuó abundantes capturas. El primer crucero duró seis meses. Apresaron cinco embarcaciones y consiguieron un valioso botín. Tras dos meses de detención, conquistaron seis presas y 7.000 piezas de a ocho en la segunda travesía. Ya en 1779 se llevó a cabo la tercera salida. Expoliaron la costa española y la francesa hasta Niza. En siete meses prendieron nueve barcos. La Oficiala consideraba que era suficiente para volver, pero la osadía de Julián, cuyo apodo de «el mahonés» era singularmente temido, no conocía límites. Era aún más arriscado que Diodor.

Vistió a la Oficiala con las mejores ropas confiscadas y le puso una diadema de pedrería. Nadie habría reconocido en ella la camarada de «el mahonés». El propio Julián se adornó como gentilhombre. Parecía un figurín. Así disfrazados embarcaron en el laúd, con el patrón Potami, y se acercaron sigilosamente a la playa de Niza. El Potami les aguardó, oculto entre la maleza, la barca varada en la orilla. Era un gigantón capaz de derribar un caballo.

Acudieron a una fiesta en el palacio Casini, donde los más nobles patricios se interesaron por su falsa prosapia. La Oficiala bailó con prohombres empelucados, con pisaverdes de la mejor calaña social, pasmando a todos con su destreza y por la picardía con que se agachaba a cada movimiento del minué.

Era notorio que no llevaba justillo y que tampoco lo necesitaba. Su cintura afilada, las nalgas redondas traslucidas por la muselina, el busto balsámico tenían mareados de amor a cuantos varones por allí pululaban. Julián se regodeaba exhibiéndola. Y se rodeaba a su vez de hembritas aristocráticas en edad de merecer. Admiraban el fulgor de sus ojos, la proporción de su cuerpo, la solidez de su musculatura, finamente delineada por las ricas vestiduras.

Sólo cuando se retiraban, bajo el resplandor aquiescente de la luna, ya en el jardín, la Oficiala cometió la torpeza de descalzarse, acostumbrados los pies a la libertad de las cubiertas, sumamente doloridos. Era algo impropio de una gran dama. Así lo afirmaron las señoras, semiescondidas tras la balaustrada. Para mayor fatalidad llegó un piquete in-

143

formando que había sido visto el buque de «el mahonés» cerca del playado. Ése era, vive Dios, «el mahonés». Y ésa la Oficiala, la que andaba descalza.

Un pelotón de soldados salió a perseguirles. Estaban a punto de embarcar en el laúd. Hubo varias descargas y, acto seguido, se enzarzaron en violento cuerpo a cuerpo. Tras abatir a varios enemigos Julián fue atravesado por la espalda. La Oficiala quiso socorrerle y un mocetón le seccionó la yugular. Allí fue el fin de la pareja de corsarios intrépidos, precursores de lo romántico. El Potami se alejó remando, machucando la calamorra a cuantos asomaban por la borda.

La *Capitana* consiguió arribar a Port Maó. Ante la triste nueva, Diodor vendió su parte. Moza lloró, algo que había hecho pocas veces. Aunque se conservaba galana, sintió que le había llegado la hora menguada. Pero se rebeló con rabia. No se dejaría vencer tan fácilmente. Ella era Moza, toda corpulencia. Se agitó, jarra en mano, dos generosas aberturas en la falda, el cordón del escote desatado entre los pechos monumentales, la melena todavía rubia. Era mucha hembra para tan poca pena. Si le robaban amor, amor tomaba. Viajó a Ciutadella. Se metió en cama con el doncel. Doña Catalina abrió los ojos con espanto al descubrirlo. Pero no dijo nada. Optó por retirarse.

—Como ésa me las meriendo yo de un bocado —dijo Moza.

Pero era demasiada mujer para aquel hombre caduco. Pronto la rubia valquiria tomó el camino de Kane, de regreso a Maó, enhiesta en su caballo. Encontró a Emilia en un recodo, sentada sobre la cerca, y a su lado el capitán, sumamente revejido. Les dejó montar en la grupa y les llevó hasta la entrada de Maó.

—Cuídate —dijo Emilia al despedirse—, que los años no pasan en balde.

—Pero tú todavía te conservas —replicó Moza.

144

—Yo estoy muerta.

Las dos sombras se desvanecieron.

Moza aguijó el caballo, las palabras de Emilia resonándole en el oído. Recorrió una trocha bordeada de cañizal y descabalgó a la orilla de una encharcada. Había patos silvestres. Se contempló en las aguas verdinosas y creyó percibir leves arrugas en su frente. Se palpó las carnes todavía robustas. De pronto, zas, metió la mano en el agua y atrapó un jaramugo de plata. El pececillo comenzó a crecer y se convirtió en tritón. Totalmente cubierto de escamas, atlético, el rostro resplandeciente, ojos azules, cabello de oro. Le acarició con la mano húmeda. La besó, la barba mojada.

—Vente conmigo —dijo— y nunca envejecerás.

—Ya me gusta el agua —replicó Moza riendo—, pero no tanto.

Después, mientras bajaba al puerto, pensaba si habría obrado correctamente. Vivir en la calma imperturbable de la charca, esperar a los ingleses sedientos, o franceses, o españoles, seducirles con el aliciente de su cuerpo airoso, argenteado, enroscarse a sus troncos jóvenes. Aparecerse al gañán imberbe, al rústico payés que haría de vientre oculto en el cañar. Sus manos callosas, el torso seco, huesudo, como perro de caza.

Entró en la taberna. Diodor estaba sentado a una mesa, con media jarra de vino. Bebió con él. Aunque hacía una semana que no se veían, no se hicieron ningún reproche. Le miró atentamente. Sí, también su piel se marchitaba, aunque la barba y la ausencia de canas le rejuvenecían.

—Tu Catalina tiene que estar bastante ajada —le endilgó.

—Ya sabes lo que dicen: quien tuvo, retuvo —rebatió Diodor.

Moza desató los cordones del escote para lucir el busto despampanante.

—¿Qué tal?

Un soldadote inglés, maravillado por la rotundidad de sus

formas, hizo ademán de acariciarla. Debía de estar borracho, porque le tumbó de un codazo, mientras volvía a abrocharse.

—Tú eres mi verdadera mujer. ¿Quién navegó conmigo? ¿A quién rescaté de Rusia? ¿Con quién he pasado todos estos años? Catalina es una pasión antigua. Pero sólo tuve un hijo, Julián, puedes creerme.

—¿Cuándo la dejas?

—Ése es otro cantar.

Moza montó en cólera.

—Tampoco es que estéis muy juveniles para tanta gusanera.

Agarró al caloyo embriagado y lo metió en la trastienda.

Diodor terminó su pichel, antes de ensillar el caballo y viajar por centésima vez a Agua Fría. Catalina le aguardaba en la playa. Se sentaban en el columpio, bajo la encina. Todavía era el mismo árbol, la misma cuerda. Paseaban por el pinar. Cabalgaban. Leían libros de don Juan en la biblioteca. Imaginaban prodigios, como cruzar a pie enjuto el mar, sentarse sobre el acantilado de Formentor. Penetrar en caserones fabulosos. Encontrar ogresas mallorquinas con dos metros de rebocillo. Asomarse a la cisterna y ver parejas estáticas, fastuosamente engalanadas, en actitud de danzar. ¿Cómo renunciar a la ilusión?

Cuando hacían las paces, Moza y Diodor asistían a la lectura de *Lucrècia*, de Joan Ramis, en el salón de la academia. O de la *Faula de Príam i Tisbe*, traducida en verso por Mr. David Causse, uno de los britanos que habían aprendido la lengua vernácula.

—¿Te has fijado en el lema? —bisbisaba Moza—. «Estudio y amor.»

Vestida recatadamente, con gracia, parecía una lady tetona. Diodor contemplaba a don Juan, sentado junto a Delia. A los intelectuales autóctonos y extranjeros. A los burgueses convidados a la lección. La flota de refuerzo mandada desde

Londres había sido requerida para socorrer Gibraltar. La colonia quedaba a merced de una invasión.

—Lo que me tranquiliza —replicó Diodor— es que todos éstos estarán en San Felipe, cuando vengan los españoles.

Moza le besó la mejilla.

—Yo también estaré.

Diodor sabía que el marqués de Solleric, disfrazado de mercader, se había entrevistado con el doncel, en un complot para recabar información. ¿Y qué podía notificar el marqués a Madrid desde Mallorca? Los menorquines, todavía bajo el peso del clero y la nobleza, recibirían a los castellanos con los brazos abiertos. También por motivos patrióticos. Y porque el monarca Carlos III, al decantarse por el despotismo ilustrado, había transmitido pujanza a la burguesía y engendrado el resurgimiento económico, cuando en la isla aún se padecían indigencias y pillajes.

Terminada la leyenda vagaron por calles desiertas, apenas iluminadas.

—Pero tu Catalina no vendrá a San Felipe —comentó Moza.

Diodor callaba. Tenía razón: seguían perteneciendo a bandos contrarios.

Esa noche se acostaron juntos.

—Casi me había olvidado —dijo Moza.

Domènec había intuido la presencia de su hermano y llevó al marqués al burdel. Allí, en el ámbito decadente del salón, entre putas francesas y esclavas moras, se vendería aquel pedazo de tierra hollado por cien culturas. Pues bien, que la vendieran. Al marqués de Solleric le sentaba a maravilla el disfraz de mercachifle. Diodor no pensaba denunciar al doncel. El gobernador Murray era un esnob, un charlatán, pero no se podía dudar de su valor. Sabría defender la isla. No precisaba su delación.

Diodor acudió al lupanar. Le dijo a Solleric:

—Quién volviera a comerciar, hermano. Estambul, el

Cuerno de Oro. Pero sin duda vuestros negocios son más altos. Territorios, jurisdicciones. Cuando vuestras naves se acerquen a puerto yo estaré aguardando en mi castillo. El marqués captó el sentido de sus palabras. Sonrió.

—Tal vez el doncel venga conmigo —apuntó.

—Ah, el dulce sabor de la venganza.

21. Que trata del sitio de San Felipe por los españoles y la senilidad de los amadores.

Ante el informe propicio del marqués de Solleric, Carlos III se alió con su primo, Luis XVI, y decidió la invasión de Menorca. El duque de Crillon fue nombrado general en jefe de la milicia. La flota, con casi ocho mil soldados a bordo y lo mejor de la aristocracia española, zarpó de Cádiz en julio de 1781. El duque de Osuna se trajo a su esposa, entusiasmada con aquella aventura. A la altura de Cartagena se les unió el almirante francés Guicheu, con múltiples naves y voluntarios. A mediados de agosto la poderosa escuadra era divisada desde San Felipe.

Murray había aparejado baterías en Fornells y Ciutadella. Ubicó cuatro morteros en la Mola, perfectamente parapetados. Echó a pique los barcos *General Murray, Eagle* y la fragata *Minorica*, más diez embarcaciones de transporte, que sujetó con cadenas a ambos lados de la embocadura, con el fin de cerrar el acceso al puerto. Diodor entregó la *Capitana* para reforzar la barrera.

Probó a reclutar soldados entre los menorquines, pero éstos se encogieron de hombros y se retiraron a sus casas. Nunca se entrometían en los negocios de sus ocupantes. Cuando en la taberna nadie daba oídos al pregón de un piquete inglés, Moza se encaramó a una mesa y voceó:

—Yo lucharé, puesto que aquí no hay hombres.

Surgieron dos o tres voluntarios que luego se las vieron y desearon para borrarse de la lista.

Moza acudió a la fortaleza con su bagaje de mercenaria y su permanente seducción. Allí estaba Diodor, dispuesto como siempre a bregar, y don Juan, pipiolo para el combate, Emilia, el fantasma caduco de mosén Dasi, con un grupo de ilustrados y comerciantes. Sir William Draper, lugarteniente de Murray, les arengó. En toda la isla había dos mil soldados, cuatrocientos con escorbuto. Doscientos piratas habían aprendido a manejar los cañones del fuerte; mujeres y niños habían sido evacuados.

Moza carraspeó. Draper se le aproximó, palideciendo.

—Toque, toque —dijo ella—, que no hay mamola.

—Ejem —concluyó Draper—, el asedio es inminente.

Pronto se asignó a cada uno su puesto.

—Draper es un cretino —aseguró Moza—. No me extraña que Murray no le pueda ver ni pintado.

—¿Por qué?

Diodor estaba a su lado, como en los mejores tiempos. Había anochecido y parecía que iba a amainar el viento. Antes de contestar dejó ondear sus cabellos, serpentear la tela de su blusa holgada, descotadísima. Tentadora como en la flor de la edad.

—Lo menos hay trescientos desdichados, entre mujeres y niños, y eso sin contar las esposas que no pudieron llegar a tiempo.

En efecto, hubieron de refugiarse a mata caballo en la fortaleza, una hora antes de que los soldados de Crillon se detuvieran en las afueras, apercibidos a vivaquear. Los mahoneses les agasajaban con vino, pan y queso. Las autoridades de la Universidad no se quedaban en zaga. Entre abrazos y humildades condujeron al duque y su estado mayor al Real Palacio.

Moza sonrió. Pegó su mejilla a la de su hombre.

—Cuando esto termine ya nunca nos separaremos —dijo.

Diodor contemplaba, ensimismado, los violentos golpes de mar en los escollos de cala Sant Esteve. Ante sus ojos había otras naves, otras guerras.

—Es muy posible —concedió al fin.

Por una torpe confusión, el *San Pascual* y su convoy habían penetrado en el puerto sin ser hostigados. En San Felipe les creyeron parte de una escuadra rusa que tenía notificada su visita. A estas horas los españoles ya habrían aportado en

Fornells. Tomarían Ciutadella, donde sin duda les recibirían con los brazos abiertos. Y si el tiempo mejoraba, como era de prever, el resto de la tropa desembarcaría en cala Alcaufar o cala Mesquida, con todo el material de guerra. San Felipe estaba perdido.

—Si yo fuera Murray —pensó Diodor en voz alta— organizaría una salida ahora mismo, antes de que sea tarde.

Emilia bailaba descalza sobre las almenas. Parecía una Ofelia descocada. Incluso murmujeaba una canción. Dasi se había puesto en cobro, retrepado, la espalda contra la barbacana, y deshojaba una margarita imaginaria. Don Juan tenía los ojos velados por visiones románticas que algún día pensaba escribir.

El doncel, como era presumible, se aquerenció luego con los nuevos ocupantes. Se ofreció voluntario para ir a San Felipe. Cuando vistió el uniforme doña Catalina le ayudó a calzarse las botas. Quiso besarle en la puerta, pero él la contuvo con gesto grave.

—Esta vez voy a cubrirme de gloria —le enjaretó.

Y logró subir sin apoyo al caballo.

Tan pronto se hubo marchado doña Catalina bajó a la playa. Se desnudó con premura, casi arrancándose el traje. Se zambulló en el agua y nadó, frenética, hasta el límite de sus fuerzas. Cuando se quiso dar cuenta estaba en la embocadura de la cala. Mecida por las olas suaves, pausada la respiración, flotando como una esponja. Fue a sentarse en una seca. Sintió frío y dio voces a la doncella.

A sus gritos no acudió la camarera. Apareció, eso sí, Benet, el hijo boto del masovero. A doña Catalina le entró miedo. Ridículamente, pugnaba por cubrirse con las manos. El baboso reía, media lengua fuera, extasiado ante la desnudez del ama. Ella lo intentó todo. Probó a escapar nadando, pero el muchachón era ágil y la alcanzó en seguida. Pensó que lo mejor sería seguirle la corriente y se dejó llevar a una cueva.

—Estoy tiritando; tráeme la ropa.

El majadero reía. Imposible platicar, pues era mudo. Trató de hablarle del Niño Jesús, de la Virgen, de Adán y Eva, que andaban así, como ella, coritos por el paraíso, y Benet reventaba de risa. Ella también carcajeó como una idiota, imprimiendo un involuntario temblor a sus pechos. Benet parpadeó, serio de repente. Se abalanzó sobre el ama como un jabato.

Consiguió llegar a la mansión, calata, maltrecha, sollozante. Había anochecido y pudo refugiarse en su aposento. Después de abrigarse se vislumbró fugazmente en el espejo. Quedó pasmada. Hubo de tomar el candelabro y dejar caer el embozo para contemplarse mejor. Lo menos había envejecido sesenta años. El cuerpo lleno de rasguños, el cabello de nieve, grotescamente rapado, la piel avellanada, las carnes fofas. ¿Qué le había hecho el Benet? Le había robado la lozanía, la había aviejado en una sola hora.

Rompió a llorar. Se tapó con la almohada para que no la oyeran. Qué vergüenza. Aunque se remozara con afeites todos verían que era una vieja, un carcamal, como el doncel don Domènec. Ojalá diera muerte a Diodor, para que no pudiera verle en tan lamentable estado.

—Ojalá le mate —berreó—. Ay, triste de mí.

Fue cuando entró la criada, y se quedó de una pieza, paralizada en el umbral. Se derrumbó lentamente, desmayándose de sorpresa. A doña Catalina no le habría asombrado entonces ver al Benet convertido en galán barbilindo.

En San Felipe, único reducto que a los españoles les quedaba por conquistar, la situación no era muy boyante. El enemigo había abierto caminos para acarrear el material pesado. Ocuparon posiciones en torno a la fortaleza. Los soldados vivaqueaban, mientras se disponía el campo. Alzaron, laboriosamente, un muro coronado de sacos terreros y zarzales, tras el que emplazar las potentes baterías. Organizaron hospitales en tres iglesias. A mitad de setiembre habían instalado más de cien piezas, entre cañones y morteros, circundadas por casi mil artilleros. Resistir era un suicidio.

152

Murray ordenó, finalmente, una salida. Contra San Felipet. Diodor, pese a sus años, quiso estar en la vanguardia. Pero prohibió a Moza que le acompañara. Sin embargo, cuando sonaron los primeros disparos, guipó un voluntario rubio, envuelto en holgadas ropas de dril, que resultó ser su mujer.

Cargaron contra una de las baterías y los españoles, sorprendidos, hubieron de entregarse. Inutilizaron las bocas de fuego y se llevaron la mar de prisioneros. Moza, eufórica, les ataba las manos. Don Juan había recibido un culatazo en pleno rostro. Aunque sangraba bastante no parecía que la herida fuera a revestir gravedad.

Retornaron con presteza al castillo. Moza iba cantando, la cuerda de los presos atada a la cintura.

> *There was a sea-captain who sailed on the sea.*
> *Let the winds blow high blow low;*
> *I'll die, I'll just die that captain did cry*
> *if I can't have that made on the shore.*

—Yo no estaría tan contento —dijo Diodor.

—¿Por qué?

—Mucha tropa que alimentar.

Moza se encogió de hombros.

—No importa —indicó—, les daremos mierda.

Emilia cerraba el grupo, trecheando el espectro del capitán. Se arrimó a Diodor.

—Tú no pasarás hambre —declaró—, mientras haya leche en mi seno.

Tenía una lágrima de ámbar por la truncada maternidad.

En tanto los invasores no se adueñaron de cala Sant Esteve, podían aventurarse de noche en un bote para trajinar verdura, fruta, carne, leche y huevos frescos. Moza misma se deslizó alguna vez hasta el embarcadero, secundando a Diodor. Remaban sigilosamente. Acudían a la taberna, disfrazados de griegos o hebreos, para hacerse con los alimentos. O se trasladaban en burro a las salinas, para atiborrar las alforjas con el producto de huertos, boíles y gallineros.

Ignoraban que los civiles extranjeros habían sido expulsados de la isla. Por eso, cuando un retén les detuvo y Diodor ensayó el escaso griego que había aprendido en sus viajes, se sorprendieron de que les prendieran. La comitiva deambuló por callejos mal iluminados. Al volver una esquina, delante de la primera mansión de Diodor, Emilia se dejó caer desde lo alto, convertida en enorme bloque de mármol. No hirió a nadie, pero su fosforescencia blanquecina tenía pasmados a los soldados. El cabo, esforzado hombrón mesetario, pegó una coz al sillar, que se descompuso al punto en un montoncito de sal, del que brotaba una columna de humo serpenteante. Encima, claro es, Emilia se contoneaba, perfectamente desnuda y apetecible, mientras el capitán Martí Dasi, o lo que quedaba de él, tocaba el guitarrillo sin gran convicción.

—Eso se llama folklore —dijo un extremeño.

Ahí fue nada intentar escalar la trenza humeante y romperse todos los caloyos la crisma.

Entraron en la casa y Leonor, la que fue ama de Julián, saltó de la cama para ayudarles a conseguir víveres. Cuando se despedían en el muelle, Diodor echó una última ojeada a la ninfa, envuelta en delicado manto. Cómo había cambiado. Sólo por la flacura de sus miembros recordaba la modelo seductora que había sido, la que posó para el escandaloso retrato de la mujer menorquina, ataviada con el velo y el ventalle. Pero sus carnes eran blandas, los ojos subrayados por intensas ojeras, los labios arrugados, el cabello escaso y completamente albo. Incluso tenía níveo el vello de las axilas.

—¿Te has fijado? —inquirió Diodor, ya cerca de cala Sant Esteve.

No hubo menester concretar para que Moza replicara:

—El tiempo pasa, también para nosotros.

—Pero nosotros no hemos envejecido tanto.

—No se nos nota tanto —corrigió Moza.

22. Donde se cuenta la muerte del doncel, y se continúa lo precedente.

Fue ahí, cerca de la ensenada, donde un bombazo que casi volcó el laúd les avisó de la presencia del enemigo. Ya no estaba expedito el acceso a la ciudadela. Los españoles lo habían tomado sin graves contratiempos. Lograron aproximarse y desembarcar con apuro la mayor parte del cargamento. Cuando ya estaban a salvo, contemplando desde asuso los residuos del bote entre una partida de adversarios, Diodor se encontró frente a frente con su hermano, camuflado entre los que acudieron a socorrerles. Domènec le puso una pistola en el pecho.

—Voy a matarte —le dijo.

Diodor soltó la carcajada.

—No me chinches.

Pero leyó en el centelleo de sus ojos la determinación de su ánimo, presto a pulsar el gatillo. Un segundo más y era hombre muerto. Vio a su padre mandando una cuadrilla de payeses mal armados, conteniendo una incursión de mercenarios del Arrabal, en tiempos de mosén Saura. Le vio rodar con su madre, vestida de mozalbete. Emilia se rasgaba la camisa, bermeja de polvo y tal vez de sangre. La sintió gemir en brazos del capitán. Pero desvió a tiempo el arma del doncel, cuyo disparo se perdió en la noche.

Sin embargo el fogonazo, el empujón tal vez, o su torpeza de anciano fofo, rechoncho, cegado por los celos, le hicieron vacilar y caer desde lo alto. No es seguro que le ayudara la zancadilla de Emilia. El espectro de mosén Dasi, y el propio Diodor, intentaron asirle inútilmente. Diodor quedó con la peluca entre las manos. El resto del doncel yacía reventado al pie de la fortificación. Los españoles, embravecidos, les mandaron una andanada y hubieron de guarecerse. Emilia se encasquetó la peluca y bailaba la danza de la muerte. Diodor estaba contrito. Moza le acarició una mejilla, mientras seguían tronando los cañones.

—Te dije que es ley de vida. De algo había de morir.

—Pero no a mis manos.

—Ha sido un accidente.

—Le humillé, le robé la esposa, y era mi hermano.

—Vamos, vamos.

Al cabo de un rato:

—Ahora ya no tendrás que preocuparte por Catalina. Prometo no volverla a ver.

Y respetó su promesa.

Sólo una vez, cuando el cerco se volvía abrumador, los cañones tirando día y noche sin cesar, escapó del castillo, reducido ya a un montón de ruinas, para cabalgar hasta Ciutadella. Doña Catalina no quería verle.

—Vete.

Ocultaba el rostro con las manos.

—Soy una vieja.

La obligó, suavemente, a bajar los brazos.

—No quería matarle.

—No es eso —dijo doña Catalina sollozando—. Es que he envejecido tanto.

Pero Diodor la veía joven, gallarda, como a los diecisiete años. El amor le devolvía el cabello negro, los pechos erectos, los ojos seductores. La sentó en la grupa de su caballo. Bajaron a la playa de Agua Fría. La orilla peinada de negras algas. Buscaron la sombra de la encina. La cuerda, la misma de sus tiernos años, enroscada de enredadera, podrida, se partió en dos y dio con sus huesos en el suelo. Se reían como muchachos.

—Ja, ja. No estoy yo para esos trotes —decía doña Catalina.

Tras el añoso tronco asomó la cara bobalicona del Benet. Les había estado acechando.

—Mátale —gritó la dama—. Él tiene la culpa.

—¿Pero de qué?

—¡Mátale!

Diodor le hincó en el cuello la punta del sable. Viéndole abatido en un charco de sangre la señora aún le propinó un débil, impotente puntapié.

—De mi chochez —dijo.

Diodor la tomó entre sus brazos. Se miraban de hito en hito. Era tan joven, tan bonita. Se besaron. Un beso muy largo. Después:

—Es la última vez.

Doña Catalina entristeció.

—Lo prometí.

En San Felipe el verano había transcurrido tenso, pero no sin cierta placidez. Los ingentes preparativos de los asaltantes obligaron a los sitiados a una espera angustiosa, una lenta agonía. Se produjeron múltiples refriegas. En octubre llegaron todavía refuerzos franceses. Seis regimientos, con profusión de mercenarios suizos y alemanes. El ejército expedicionario contenía ahora más de quince mil hombres. Emilia se presentó a Murray, pálida y con el verdugón de ahorcada en el cuello, para dar cuenta de la situación.

—Mal andamos —comentó el gobernador—, si tengo la muerte por aliada.

Había intentado varias razzias que resultaron prácticamente infecundas. Demasiados adversarios. Crillon, conociendo su sed de dinero, le ofreció un millón de libras esterlinas si se rendía. Replicó enojado, ofendido en su honor. Impelido por la furia se disfrazó, irreflexivamente, de aventurero y se infiltró con Diodor entre las líneas enemigas.

Acudieron a la taberna. El recinto estaba atestado de gente. Mercenarios y soldados, franceses y españoles bebían en promiscuidad. Murray hubo de brindar a la salud de varios capitostes contrarios. Finalmente aguantó mecha al tener que echar un largo trago por sí mismo, es decir, por el cerdo de

Murray y el marica de Draper. Engulló media jarra de una asentada.

—*Encore* —gritaba la gentualla, con ojos chispeantes y faz congestionada, batiendo palmas.

Un gigantón sujetó con su manaza la base del pichel, impidiendo que lo bajara. Ahí se rebeló el general con toda su saña. De un tirón liberó la vasija y la hizo añicos contra el suelo. La cerveza desparramada entre los pedazos bafeaba como si fuera sangre. El jayán no tuvo tiempo de asombrarse y ya era víctima de la espada del inglés, quien, en su propio idioma, exclamaba:

—Pase lo de maricón, pero a mí nadie me llama puerco en mis propias barbas.

Y trazaba molinetes con la garrancha, frente a un puñado de bellacos. Diodor se colocó a su lado, sable en ristre.

—Ahí es nada lo que van a hacernos.

Pero, felizmente, Moza les había seguido. Se encaramó a una mesa y empezó a cantar, en medio del gran silencio:

> *On a mis Mathieu*
> *sur une grande planche en chêne,*
> *et si l'on chantait*
> *il danserait quand même,*
> *car chez nous même mort*
> *en cadence il faut qu'on danse.*

Y como el muerto se llamaba, precisamente, Mathieu, pronto estalló la carcajada general. Un suizo bajó a Moza, agarrándola de la cintura. En su lugar pusieron el fiambre, perfectamente estirado y con media sonrisa bajo el bigote. Alguien le encajó una manzana en la boca y propuso afeitarle las piernas. Lo que hicieron, jolgoriosos, mientras el suizo besaba a Moza con el pico lleno de ron. Luego bailaron en torno a la mesa, entonando la canción del pobre Mateo. Tra-la-la, se agitaban, sin escatimar el vino. Moza escurrió el buz, y ya nadie prestó atención a la huida de los intrusos.

Ya estaban a salvo cuando Diodor dijo:

—Perderemos la guerra, pero tengo un filón en la taberna.

Mas para los britanos no había beneficio. Día a día, siempre la misma desolación. El martilleo constante de los cañones era contestado indefectiblemente, como un eco, por los de San Felipe. Fue un otoño tristísimo, afligido por negros y pestilentes nubarrones de destrucción. Llegó el invierno y, con el bloqueo de cala Sant Esteve, la situación se hizo insostenible. Los que no perecían, enfermaban de escorbuto, constreñidos a dieta avitamínica a base de pan, arroz y carne salada. La humedad insalubre de los sótanos agravaba la pandemia. Pero aún resistían bravamente. Los soldados encubrían sus dolencias para hacer de tripas corazón. Cada mañana, al pasar lista, el sargento zarandeaba a los remisos, y si se dejaban hacer como muñecos de trapo es que habían muerto. Pero cuando los camilleros retiraban el cadáver, la sombra del soldado tomaba su fusil y su machete, y replicaba las descargas de los aliados sin moverse un ápice de su puesto. De modo que cuando el fuerte se rindiera sólo sería un caserón poblado de fantasmas.

El duque de Crillon, enternecido por la penuria de los sitiados, les mandó víveres y medicinas, porque pocos días antes un obús había volado los depósitos de vituallas y medicamentos, provocando un incendio gigantesco. Los moribundos venían a calentarse al amor del fuego, que no se apagó en tres días. Los que sufrían dolores implacables se zambullían en la hoguera como en una laguna purificadora. Sus espectros salían rejuvenecidos, limpios de heridas, libres de hambruna, y retornaban a sus posiciones para enseñar los dientes a los atacantes. Se formó una larga cola de suicidas, que reaparecían como trasgos ilesos por el otro costado. El capitán Martí Dasi los estuvo contemplando durante horas. Pensó que también él podría recuperar la robustez por aquel método. Rogó a Emilia que le empujara. Ella dijo:

—No funciona contigo.

—¿No ha de funcionar?

Tuvo que empujarle. Con lágrimas en los ojos, pues sabía que no volvería a verle. Sólo se muere una vez, y él ya había expirado. La sombra del capitán ardió dos días, contribuyendo a formar la columna de humo hediondo que incluso hizo callar a los cañones enemigos. Al final se redujo a la nada, como si fuera carbono puro. No más quimeras. No más encarnaciones. Sólo el misterio del más allá.

Emilia lloró durante días. Su cuerpo se fue cubriendo de ámbar, por el continuo lagrimeo. Era como una diosa de la abundancia, forrada de goterones almibarados. Después fue recorriendo los jergones del hospital, atetando a los heridos más graves.

En el campo español ocurrió un hecho notable. Había recomenzado el lúgubre tamborileo de los cañones en uno y otro bando. Charles Garain, soldado de un regimiento suizo, fue herido en la pierna derecha. Trasladado al convento del Carmen, no quiso que le encueraran para la indispensable amputación. Esto le causó la muerte. Cuando iban a amortajarle se descubrió con estupor que era una muchacha. Las monjas le pusieron hábito carmelita. Ante su cadáver desfilaron multitud de curiosos. Empezó a correr la especie de que era Moza, la mujer del magnate Diodor, infiltrada para recabar información. El runrún llegó a oídos de la propia Moza, quien hubo de encapillarse un traje circunspecto, tocarse con rebocillo y ocultar su rostro con embozo para pasar con el pueblo frente al fiambre. Cuando llegó a sus pies se detuvo largamente junto a la desdichada, tanto que fue empujada levemente en las ancas turgentes por un centinela. Fue ése el punto en que, fregada, se quitó el rebujo, descubrió su espléndida melena rubia y, blandiendo la cabeza, vomitó:

—¿No tenéis acaso ojos en la cara? Yo soy Moza, y no sólo le doblo la edad a esa criatura, sino el perímetro de la pechuga.

Hubo una risilla sacrílega en el grave aposento. Luego la dejaron ir en paz.

23. Que prosigue la narración, con las vicisitudes del nuevo régimen y el paso del tiempo.

El cinco de enero de 1782 el duque de Crillon convocó a sus oficiales para anunciar la ofensiva general. Antes del alba ordenó fuego a discreción. El bombardeo ininterrumpido se prolongó por espacio de un mes. Los muros del castillo fueron pulverizados a cañonazos. En los fosos y galerías no se veía nada a causa de la cortina de polvo. De noche llovía hollín, entre el fulgor de los proyectiles. Resistieron hasta que casi no quedó piedra sobre piedra. Finalmente, el cuatro de febrero por la mañana, la bandera blanca ondeó entre las ruinas. Murray negoció la capitulación. Al día siguiente soldados, marinos, artilleros y fantasmas ingleses desfilaron con honores de guerra entre los vencedores. Crillon ofreció un banquete a los vencidos. Serían evacuados sin demora hacia Gran Bretaña. Meses más tarde el general Draper presentó 29 cargos contra Murray, de todos los cuales fue absuelto en consejo de guerra.

Moza, Diodor y don Juan habían salido renqueando, la mañana de la rendición. Escuálidos, tiznados, harapientos, parecían almas en pena. Los aliados les dejaron pasar. Se refugiaron en las salinas. Apenas se sintió restablecido don Juan se marchó a Ciutadella con Delia y con el niño don Andreu. Se instaló en el palacio Dasi, mientras doña Catalina languidecía en la mansión de Eleazar. Allá quedaban, cada cual en un extremo, un polo opuesto de la isla.

Diodor y Moza casi no salían de la finca. El nuevo régimen se les antojaba hostil, aunque nadie les había molestado. En verano podían bañarse en las lagunas salinas, cerca de la roca almagrada en forma de elefante. Cabalgaban por la espléndida llanura, al pie del mogote sobre el que se alzaba la mansión. Orillaban el pinar. O penetraban en él, extraviándose como verdaderos enamorados, como personajillos de una conseja inverosímil. Iban a cazar, o a buscar setas entre la pinada, cuando llegaba el otoño. O, simplemente, a pasear. A veces, Emilia asomaba tras un tronco, todavía galana, pero con la piel desnuda totalmente violácea. Todos los domingos apoderados, payeses y dueñas de estanquillo acudían a rendir visita y echar cuentas con su señor.

Transcurrían los meses, los años, en aquel lento languidecer. El notario Picurd y el doctor Perceval traían nuevas de cuanto acontecía en la isla. El conde de Cifuentes, gobernador español, estaba dando pruebas de su amor a Menorca. Nada pudo hacer por impedir órdenes injustas, como la supresión de fueros y franquicias, contribuciones impuestas desde arriba o disposiciones insensatas, como asolar el valioso castillo de San Felipe. Intentaba activar la industria y aun el comercio, a pesar de la prohibición de armar buques en corso y de traficar con numerosos artículos, tabaco y pólvora entre ellos. Obligados a matricular las embarcaciones, mercaderes y pescadores quedaban sin libertad de movimientos, a despecho de los buenos propósitos del gobernador. Tampoco le fue dado evitar la leva que alejaba a los mozos de la isla, eximidos hasta entonces por privilegios medievales. En cambio construyó el maravilloso paseo de la Albereda. Y cuando fue nombrado capitán general no quiso moverse de Maó.

Otra que iba a visitarles era Leonor, la ninfa envejecida. Contó que habían venido misioneros de la península, como si fueran indios a evangelizar. La gente, orgullosa de su fidelidad a la Iglesia católica durante un siglo de dominaciones, se había amoscado. Trajeron, incluso, el tribunal de la Inquisición, que estaba proscribiendo a troche y moche. Quemaron el retrato de la mujer menorquina, considerándolo licencioso, y no sería raro que se metieran con los bochinches.

Moza, temiendo por las tascas, vistió su traje de hospedera, descote generoso, aberturas en la falda, y cabalgó hasta la taberna del puerto. Apenas entró se dio cuenta de que no había peligro. Todo seguía igual. El humo, cargado de vaharadas de alcohol y vapores de sudor, era tan denso que casi se podía cortar. Sirvió a los parroquianos, como en los buenos tiempos. Cantó, bailó descalza, abandonándose a los brazos ardientes de los hombrachos más corpulentos. Se escurría. Subía a las mesas y taburetes. Soltó su luenga melena, todavía rubia, y bebió del vaso de los más apuestos, les dejó meter la cabeza en el escote para sorber el licor que resbalaba de sus labios desbordados. Nada había que temer. Había mucho fraile encubierto entre tantos barbados.

Regresó sucia, desgreñada, pero hermosa como a los veinte años.

Cuando conoció la orden de dinamitar el castillo de San Felipe, Diodor subió al caballo en un arrebato. La explosión le sobrecogió cuando llegaba a los confines de la fortaleza. Casi le alcanzó la columna de polvo que barrió el suelo, y la lluvia de cascotes que se produjo a continuación. Ahí volaba la pujanza de todo un siglo. Diodor sintió en las sienes el roce helado del presagio. Ya nada sería como antes. Ahora, en medio del gran silencio, Emilia cazaba sombras con puñal relumbrante, totalmente vestida de negro.

Era seguro que vendrían malos años. En 1789 estalló en Francia la Revolución. Perceval y Picurd lo comentaban con ojillos incrédulos. Habían degollado al rey con guillotina, ese artefacto siniestro que también Diodor, sensible al progreso, instaló en las salinas. Pero lo usaba para cortar forraje. Más tarde ocupó el poder el Directorio. Médico y notario sosegaron su temor senil. No obstante les inquietaba el general Napoleón Bonaparte. Los ingleses no cejarían hasta vencerle.

—Y yo con ellos —dijo Diodor.

—Si es que vuelven por aquí.

—Ya estamos viejos para pelear —objetó Moza.

Languideciendo en Ciutadella, doña Catalina todavía soñaba con Diodor, segura de que acabaría acudiendo al llamado del amor. Volvería. Se abrazarían en la playa, refregándose sobre el céfiro dorado del atardecer, como en otros días venturosos. Y si no venía, ella misma le buscaría en las salinas, enjoyada como un ídolo pagano, para exigirle adoración.

Don Andreu crecía. Pronto sería un caballerete ilustrado, como su padre, y podría buscar hembra noble, acaudalada y bella, no necesariamente inteligente. Don Juan, por su parte, seguía en sus empeños literarios, a pesar de que en 1785 había sido clausurada la Societat de cultura de Maó.

Se había adaptado a la nueva situación. Suprimido el catalán de documentos y escuelas, él también lo eludió en sus escritos. Aprendió, concienzudamente, castellano. Pronto dio a luz algunas obritas en la lengua oficial. Y no lo hacía mal. Sólo en poesía fracasaba, y eso que conocía al dedillo las últimas rebeldías de los prerrománticos alemanes. Incluso, aficionado a la música, se sentaba al piano, alguna tarde melancólica, para acompañar a Delia, quien, demasiado culta y delicada para ser mujer, cantaba dulces lamentos sentimentales en lengua sajona. Sus labios, tal vez maquillados, eran ígneos, como el oro encendido del crepúsculo. Sus manos, su cara, su escote, de porcelana. Y el vestido de albo tegumento, mórbido al tacto, como un pétalo.

Doña Catalina bordaba a su lado, recordando tiempos felices.

Otro día don Andreu, convertido ya en garzón presuntuoso, fue enviado a Madrid para estudiar leyes. Se alojó en casa de los marqueses de Agomar, buenos amigos de don Juan. Habían pasado deliciosos veranos en Agua Fría, disfrutando la placidez del paisaje, la lectura y la música. Tenían una hija en edad de merecer, doña Cecilia. Sumamente alta y garbosa, tenía en cambio cara de caballo. Don Andreu era un doncel gallardo, de rostro angelical. No desdeñaba el trato de doña Cecilia, pero solía traerla con el rostro velado o enmascarado, si le acompañaba a fiestas estudiantiles o paseaban en jardinera hasta las márgenes del río y los cármenes de Aranjuez. Cuando le deleitaba con sutiles audiciones de piano, le rogaba que se tocara con largo manto transparente, de modo que el rostro quedase oculto y se trasluciera el cuerpo espléndido. La llevaba a cierta taberna de la calle de Toledo, donde se celebraban juergas de escolares, con el semblante encubierto por negro cambuj. Le daba a beber enormes copas de vino generoso, levantándole el embozo a la altura de los labios. Decía que tenía hechos votos de arrebozar su faz encantadora. Que sentía celos si la miraban ojos extraños. Y se reía por lo bajo.

Pero un día que se achispó demasiado con el mostagán, celebrando la entrada de la primavera, quedó espalditendida, como muerta. Callaron los chungueros un largo trecho. Hasta que, de pronto, revivió. Se agitaba y bailoteaba, girando en torbellino. A fe que el rebote de sus carnes era soberbio.

—Que se descubra —gritaban los colegiales—, queremos verla.

Antes de que don Andreu pudiera evitarlo, un mozalbete se abalanzó sobre la bella y le arrancó el gambux. Reían, malévolos, embriagados, sospechando su fealdad.

Mas, ay, que a la luz opaca de la bodega su rostro resplandeció, fascinador. Tenía ojos azules como la mar, cejas arqueadas, óvalo redondo, tez perlina, labios suculentos. Era la doncella más hermosa de la corte. Todos los presentes, con boquitas en O, abrieron paso a don Andreu, que la tomó en brazos, herido de amor, indignado con el avieso comportamiento de sus condiscípulos.

Se casaron y el doncel ya no terminó sus estudios. Sólo si la maltrataba manifestaba la dulce enemiga su cara de caballo. Si no, era exquisita como un serafín.

Doña María murió una de aquellas tardes en que Delia cantaba, don Juan tocaba el piano y los nuevos esposos se adoraban. Doña Catalina fue a buscar el bordado y la encontró sentada, con la doncellez, que había guardado celosa, florida en la garganta. Daba sensación de enorme serenidad. Cuando la enterraron casi nadie recordaba que el capitán Martí Dasi había tenido una hija, además del doncel don Domènec.

Corrían insistentes rumores de que el almirante Nelson había aconsejado la invasión de Menorca. Los indígenas estaban desencantados con su gobierno. La situación militar en la isla era deplorable. Todo auguraba una conquista fácil.

En las tabernas de Diodor seguía reuniéndose la guarnición. Había lances sonados. Cierto artillero apostó contra seis mercenarios que era capaz de meterse en la boca de un cañón, para que hicieran fuego con él, y salir ileso. Y ganó el envite. Se envolvió en un edredón y, como el obús estaba hendido por la intemperie, se trizó como si fuera de vidrio. En tan lamentable condición se hallaban la mayoría de las piezas, inservibles por el descuido.

En otra ocasión los mercenarios de San Gall entraron en las salinas para robar. Diodor quiso luchar con los criados para reducirles, pero un puñetazo le dejó anonadado. Más tarde le contaron que la actuación de los labradores resultó providencial. Le preguntaron qué hacer con los muertos.

—Embutidos para la tropa —replicó sencillamente—. No vaya a dudarse de nuestro patriotismo.

—Somos dos ancianos —comentó Moza.

—Sí.

Aún solía enarcar el busto en la cantina, pero le faltaba el temple de antaño. Y Diodor, que aparecía como caballero venerable, acaso lograra quemar la cholla de un enemigo con feroz trabucazo en la boca, pero nada más.

No podrían batirse en la refriega que se avecinaba. Porque la invasión parecía inminente. El brigadier Quesada, nuevo gobernador, preparaba una defensa desesperada. Reparaba senderos y baterías, concentraba tropas indóciles, torpes y desleales, buscaba en vano la colaboración del pueblo. Como siempre, los menorquines se abandonaban a su suerte. Redactó un edicto, instando a los vecinos a que tomaran las armas en auxilio de su soberano. En toda la isla sólo Moza se ofreció voluntaria. El cabo que leyó la proclama en la taberna se pitorreó al verla encanecida, desmejorada, dando un paso al frente.

—¿Usted? —dijo—. ¿Con qué iba a atacar usted?

—Con esto.

Y, sacando pecho, las tetas todavía como melones, le hizo palidecer.

24. Que trata de la última ocupación británica y da fin a la narración.

La escuadra enemiga fue avistada en noviembre de 1798. Desembarcaron en cala Molí, muy cerca de las salinas. Diodor subió a la azotea para observar el movimiento de tropas, entre el cañonear de las naves. Esta vez no podría pelear, pero quería verlo todo. Acechaba ansioso con el catalejo. Muchos mercenarios desertaban. Seguro que los ingleses acabarían ganando terreno. Anocheció pronto y hubo de recogerse.

Al día siguiente supo que el mariscal Rutiman había retrocedido acobardado. En la oscuridad los soldados eran derribados por las frías saetas del viento. A medianoche, los que aún se tenían en pie, toparon con los hombres del coronel Yann, que venían andando desde Ciutadella. Se armó la de Dios es Cristo. Unos decían que habían de avanzar, otros que recular, otros que los invasores no eran anglos, sino gallegos. Empezaron a abrevarse, pues se había repartido doble ración de aguardiente, a bailar en la escurana, a matarse por un pedazo de queso. El brigadier Quesada ni siquiera fue capaz de castigar a Rutiman. Optó por guarecerse en Ciutadella, único recinto amurallado desde la demolición de San Felipe.

Diodor se puso la casaca roja de su padre, calzas blancas, un lazo en el pelo encanecido y se ciñó la espada. Estaba dispuesto a cabalgar hasta Maó, para seguir de cerca los acontecimientos. Moza se contempló en el espejo de su aposento, sumido en la penumbra. Aún tenía buena figura. Vistió la blusa descotada, la falda con aberturas y se fue junto a su hombre.

—Vas a tener frío —dijo Diodor.

Se envolvió en una capa de terciopelo azur, con lazada de oro.

—Así voy bien.

En Maó les contaron que el general Stuart había tomado Mercadal y cortado las comunicaciones con Ciutadella. La ciudad estaba desguarnecida, pues los militares se habían dirigido al otro cabo de la isla. Durante la noche grupos de civiles patrullaron por las calles. Las tabernas habían cerrado a toque de oración y los vecinos tuvieron luces prendidas en las ventanas hasta el amanecer. Aun así la turba y un hatajo de penados fugados entraron a saco y cometieron desmanes. Diodor y Moza comprobaron que sus vinaterías habían sido desvalijadas. Habían hundido las puertas a hachazos, robado cofres de monedas, destrozado muebles, desfondado barricas y trizado ampollas y vasijas. Tal vez se habían llevado a las muchachas, porque no se veía alma viviente. En la cantina del puerto las paredes estaban negras como la pez, pues habían quemado mesas y sillas en medio de la tarbea.

También la antigua mansión de Diodor había sido asaltada. Despedazaron cuanto hallaron. Cristalerías, porcelanas, candelabros, cuadros valiosos. Mataron a Leonor, que parecía haberse enfrentado a la chusma, con uno de los pistolones que Diodor había mercado en sus correrías por el Mediterráneo. Yacía sobre el mármol del salón, el níveo cabello empapado de sangre. Diodor se cubrió el rostro con las manos. Luego buscó la sombra de Emilia.

—Toma la revancha —dijo.

Los hurtadores habían escapado en los laúdes. Se hallaban en alta mar, habiendo burlado la escuadra inglesa. Emilia avanzó descalza sobre las aguas, el cuerpo, que conservaba la tersura de los veinte años, envuelto en finas gasas. Pero los bandidos habían robado ninfas apetitosas y le hacían poco caso. Hasta que uno fue cautivado por su mirada. Bebió de sus pechos emponzoñados y al punto empezó a brincar, eufórico, imprimiendo peligroso vaivén a la barca. Los demás quisieron potar el licor de la ilusión y fueron dulcemente inficionados. Palmaron uno a uno, con la sonrisa en los labios. Las cortesanas los echaron por la borda. Gobernaron hasta la isla de Mallorca, donde se establecieron tan ricamente.

Diodor y Moza reorganizaron como pudieron las tabernas, con ayuda del notario Picurd. Perceval había muerto poco antes. Se había quedado plácidamente traspuesto, víctima de sus muchos años. Delia, su hija, viajó a Maó para presidir el duelo con don Juan y su hijo Andreu. También vino doña Cecilia, esposa del doncel don Andreu, una marquesita castellana de continente angelical. Pero doña Catalina permaneció en Ciutadella, abrigando manidas quimeras de amor.

La noche del 9 de noviembre el coronel Paget llegó con un regimiento al paseo de la Albereda, orillando el puerto. Los jurados de Maó, escoltados por el vulgo, acudieron a recibirle ante el convento de San Francisco. Le ofrecieron, solemnemente, las llaves de la ciudad. Paget adujo que ya las tenía, y se resistía a aceptar tan oportunas muestras de vasallía. El teniente del rey se había refugiado en las ruinas de San Felipe y la capitulación no estaba clara todavía. Entonces Diodor, que se encontraba con Moza entre la nube de curiosos, rompió el tenso silencio gritando:

—¡Tres hurras por los bravos ingleses!

No le traicionó la voz cascada. Y el gentío:

—¡Hurra!

—¡Hurra!

—¡Hurra!

Con lo que la sonrisa transformó el severo semblante del coronel. Dejó a los jurados libertad de movimientos.

A la mañana siguiente el alférez del rey capitulaba y la bandera inglesa sustituía a la española en los despojos de San Felipe.

—Habrá que reconstruir la fortaleza —razonó Paget.

Diodor y Moza, llevados de su ardimiento, cabalgaron hasta Ciutadella, tras cuyas murallas se había refugiado el brigadier Quesada, con dos mil soldados. Supieron que

170

aquella misma mañana el infortunado gobernador se había caído del puente levadizo, se había roto un brazo y estaba en cama con fiebre.

Los vecinos abandonaban la ciudad para refugiarse en el campo. Incluso las monjas clarisas dejaban la clausura para retirarse a Torre del Ram, una agreste posesión. Diodor vio pasar a doña Catalina y su comitiva de familiares, que se dirigían a Agua Fría. Se encontraron frente a frente. A mujeriegas en la mula la dama. Cargado de años, pero fachendoso, Diodor en su corcel. Se miraron de hito en hito, mientras los demás proseguían la marcha. Moza, discreta, se hizo a un lado.

Diodor sintió revivir pasiones lejanas. No veía la vieja que tenía delante, sino la jovencita casquivana, bellida, que se bañaba corita en la playa de Agua Fría. El alma se le desbocó porque le premiaba con una sonrisa. Pero no dijo nada. Como si no fuera preciso, como si todo quedara muy claro, escrito en la mirada. Arreó la mula y siguió su camino. Se volvió una vez, antes de perderse de vista, y el rostro demacrado de la anciana era la faz tersa, jugosa, los ojos como inocentes, la tez clara, los pechos diminutos de aquella niña que le había camelado. Moza se le acercó.

—Eres un sentimental —le dijo.

—Un carcamal, dirás.

Cuatro días más tarde el general Stuart montó todo lo que tenía frente a los muros de la ciudad. Formó el grueso del ejército en parada, aparentando una fuerza imponente. Quesada cedió a las presiones de los jurados, que temían una masacre, y del obispo Vila, que le instaba a capitular. El 16 de noviembre de 1798 los britanos entraron, pechisacados, en Ciutadella. Stuart pudo comunicar al rey Jorge III que había tomado Menorca sin perder un solo hombre.

Aquélla había de ser la última ocupación inglesa de la isla. Duró cuatro años, hasta que Napoleón Bonaparte hizo incluir a Menorca en el tratado de Amiens. Fue el mejor período desde el añorado gobernador Kane. La escuadra británica, dirigida por Nelson, fondeaba frecuentemente en Maó, dejando un río de oro a su paso. Completamente identificado con el régimen, Diodor legó al estado cuanto poseía, y no cambió su voluntad cuando en junio de 1802 regresaron los españoles.

Dedicó sus últimas energías al embellecimiento de las salinas. Pintó toda la fachada de rojo, abrió balcones, ventanas de guillotina, de puro sabor inglés. Adquirió muebles de Chippendale y Sherton. Y se acostumbró a chingar copitas de gin, que decían era diurético y mataba la viruela. Aunque lo que de verdad acabó con ese mal fue la vacuna que le dieron a la tropa. El pueblo no quiso tomarla, y la Universitat decidió experimentar con los niños del orfanato, que fueron los únicos que no palmaron durante la epidemia.

Cuando lady Hamilton y lord Nelson se alojaron en la finca Golden farm, que domina el puerto de Maó, Diodor y Moza fueron recibidos en la intimidad de la pareja. Diodor bailó con la señora, rodeándole la frágil cintura con sus manazas, en los jardines de la mansión. Acercó los labios a los oídos perfumados de la beldad, para decirle que había participado en tantas batallas como Nelson, sin tener el cuerpo reducido a un guiñapo como el almirante.

Moza maravilló al famoso marino con el relato de sus aventuras, y el ojo del inglés rutilaba cada vez que hinchaba las tetas para suspirar o asomaba un muslo entre la falda. Cuando se marchaban le besó gentilmente la mano y aseguró:

—Si yo tuviera tan buena camarada, otro gallo me cantara.

Moza se quedó con la duda de si se refería a su esposa, a su amante, o a la derrota de Napoleón.

—Ah —exclamó—, si su excelencia me hubiese visto antes.

Llegaron a las salinas con la alborada. Orillaron la marisma, las celdillas plateadas donde se depositaba la sal. Pasaron ante la roca roja en forma de elefante. Allí estaba doña Catalina. Les había aguardado toda la noche. Desenterró el cofre de las joyas para adornarse como en los mejores días de amor. Descalza, desprovista de todo ropaje, guarnecida de esmeraldas y brillantes, de sortijas, brazaletes, pendientes y collares. Parecía un monstruo pagano. Diodor la vio imponente, escultural, agitarse, contonearse en el silencio del amanecer. Y como antes, sintió el impulso de adorarla. Siempre la había amado. Escarneció al doncel don Domènec, a su padre, por aquella hembra de lujo. Conquistó riquezas, buscó el afecto del hijo ilustrado. Por aquella mujer que se le ofrecía, los brazos extendidos, que le urgía a aceptarla.

Moza comentó, irónicamente:

—Pillará un catarro.

Y estalló en risa fresca, argentina, despiadada.

Sólo entonces captó Diodor la realidad. Vio aquella anciana que bailaba enjoyada. Toda arrugas, carnes fláccidas, huesos cubiertos de piltrafa. Y se unió a la carcajada de Moza, que resonaba en las salinas como un cascabel.

La mañana sería radiante. Diodor y Moza cabalgaron hacia la casa. Atrás quedaba doña Catalina, llamando a los criados. Entonces apareció Emilia, vestida de mercenaria, la camisa sucia de sangre, el verdugón de ahorcada en el cuello. Le dio unas palmadas a la vieja en la espalda y luego se alejó por un camino sin retorno, más allá del horizonte visible, porque su hijo ya no la necesitaba.

Índice

1. Que trata del sitio de San Felipe por los carlistas y de los amores de un soldado   9

2. Donde se cuenta la derrota de los filipistas, y la boda de mosén Martí Dasi 16

3. De la felicidad de los cónyuges, su descendencia y el descalabro de un corsario 23

4. Que cuenta una disputa de soldados y lo que aconteció en carnaval, con algunos sucesos de Agua Fría y el nacimiento de doña María 29

5. Del bautizo de doña María y de las aventuras y desventuras de Diodor 36

6. Que trata de la cuarentena y del oficial inglés que protegió a Diodor, con lo que luego le aconteció 43

7. De cómo Diodor compró un jabeque, conoció a Moza y se enamoró de Doña Catalina 49

8. Donde se narra el viaje de Diodor a Rusia, con gran número de aventuras 56

9. De cómo el marqués de Osorio visitó a su hija en Inglaterra y de lo que sucedió allí 64

10. Donde se cuenta el casamiento de doña Catalina, con el viaje de Diodor para rescatar a Moza y con el regreso 71

11. Que trata de Diodor en Maó, y de los escrúpulos del doncel don Domènec 79

12. Que continúa lo precedente, con ulteriores sucesos . . 86

13. Del retiro en Agua Fría, con ciertas salidas a corso . . 93

14. Que prosigue lo anterior hasta la llegada de los franceses 100

15. Que trata del sitio de San Felipe por los gabachos y de la adoración de dos amantes 107

16. En que se narra la lucha de dos escuadras y la preparación del asalto 114

17. Que cuenta la toma de San Felipe y lo que le aconteció a Diodor 121

18. Que cuenta la muerte de mosén Martí Dasi, y la vida en tiempo de los franceses 128

19. De los cuidados de don Juan y los celos del doncel .. 135

20. Donde prosigue lo anterior, con el pillaje de Julián y la Oficiala 142

21. Que trata del sitio de San Felipe por los españoles y la senilidad de los amadores 149

22. Donde se cuenta la muerte del doncel, y se continúa lo precedente 155

23. Que prosigue la narración, con las vicisitudes del nuevo régimen y el paso del tiempo 161

24. Que trata de la última ocupación británica y da fin a la narración 168